Nicole Rauscher
DAS SCHAFFST DU AUCH!

AF289106

Nicole Rauscher

Das schaffst du auch!

Infos und Tipps
für erfolgreiche Kids

Die Bibliografische Information der Deutschen Bibliothek
Die Deutsche Bibliothek verzeichnet diese Publikation in der Deutschen
Nationalbibliografie; detaillierte bibliografische Daten sind im Internet über
http://dnb.ddb.de abrufbar.

Originalausgabe

Redaktionelle Bearbeitung:
Verlagsbüro Andrea Stangl
Salzkottener Str. 56, 33106 Paderborn
Telefon (0 52 51) 8 78 46 33
www.verlagsbuero-stangl.de
Einbandgestaltung:
Graphik Studio G, Mareile Gropengießer
Von Eichendorff-Str. 67b, 33106 Paderborn
Telefon (0 52 54) 66 30 41
www.graphik-studio-g.de
Herstellung und Verlag:
Books on Demand GmbH, Norderstedt
© 2008 Alle Rechte vorbehalten

ISBN 978-3-8370-4593-2

INHALTSVERZEICHNIS

VORWORT DER AUTORIN 11

■ ■ ■ PERSÖNLICHKEIT 14

Voll in der Pubertät 14
Wohin soll die Reise gehen? 15
Wahnsinn oder Größenwahn? 16
Cool sein oder auf der Strecke bleiben 18
Die tägliche Manipulation durch andere 19
Schule – nein danke! 21
Mut zum eigenen ICH 22
Bis über beide Ohren verliebt 29
Verhütung – Spaß ohne Folgen 31
Liebeskummer, wie kann ich damit umgehen? 38

■ ■ ■ AUSBILDUNG/BERUF 40

Die Qual der Wahl 40
Beruf oder Berufung? 41
Mit Leidenschaft an die Sache 43
Bewerbung kommt von Werbung! 44
Was passiert beim Vorstellungsgespräch? 45
Was kommt danach? 49
Hilfe – eine Zusage! 51
Es wird ernst 56
Mir kann keiner was … 57
Mache dich unentbehrlich! 60
Lehrjahre sind keine Herrenjahre 62
Geschafft – bestanden! Und nun? 64

■ ■ ■ FINANZEN.. 66

Das erste Konto... 66
Die wichtigsten Versicherungen und die Tricks der Vertreter......... 70
Die Verlockung durch falsche Freunde (Kredite,
    Urlaub, Katalog …) 90
Ups, Rechnung nicht bezahlt.. 94
Die Ohnmacht... 96
Mahn- und Vollstreckungsbescheid 98
Titel – und kein Geld – bedeutet: Jetzt ist Schluss mit lustig.......... 102
Eidesstattliche Versicherung: ein schwerer Klotz am Bein.............. 103
SCHUFA – und die Wellen 105
So kommt wieder Land in Sicht.. 106
Schuldenfrei, aber wann?... 108
Vergleichsverhandlung – eine gute Chance 109
Ratenzahlung – die Alternative.. 111
Du selbst als Nobody? 112

■ ■ ■ EXISTENZGRÜNDUNG.. 114

Die Existenzgründung im Allgemeinen.................................. 114
Network-Marketing... 114

■ ■ ■ WERTE... 117

Was ist Geld? 117
Freude – wo ist sie geblieben?... 119
Freundlichkeit kostet nichts, aber bewirkt viel....................... 121
Zuverlässigkeit, damit schafft man Freunde 122
Ehrlichkeit beruhigt.. 123
Vertrauen geben und nehmen 124
Höflichkeit tut allen gut.. 125
Zielstrebigkeit ist der Glaube an sich selbst........................... 126
Toleranz – leben und leben lassen.. 127
Dankbarkeit: ein Gefühl, das man zeigen sollte...................... 128

■ ■ ■ ALLTAG 130

Arbeitslosigkeit – NICHT aber Ziellosigkeit 130
Mut zum Umdenken 133
Dein größter Reichtum 136

■ ■ ■ ZWISCHENMENSCHLICHES 140

Telefonieren und schreiben – die Kunst, sich zu äußern 140
Umgangsformen, so siehst du mich 151
NEIN statt Jain! 157
Ärger und Frust rauben Lebenskraft und Lust 161
Vergangenheit – nein danke! 162

■ ■ ■ BESUCHE MICH AUF MEINER HOMEPAGE! 165

Vorwort der Autorin

Auf nichts wartet man sehnlicher als auf den achtzehnten Geburtstag. Spätestens ab dem sechzehnten Lebensjahr zählt man nahezu die Tage, bis es endlich so weit ist. Freiheit! Führerschein! Eigenständigkeit! Und keiner hat einem mehr etwas zu sagen!

Das ist die eine Seite. Aber die andere Seite gibt es auch, und wenn du dir rechtzeitig darüber Gedanken machst, dann bist du vielen anderen in deinem Alter einen großen Schritt voraus. Dabei wird dir dieses Buch helfen!

Über die andere Seite spreche ich jetzt, und die sieht erst mal so aus:

Bis zum letzten Tag des siebzehnten Lebensjahres haften größtenteils die Eltern für die gemachten Fehler, doch ab Mitternacht ist man für sich selbst verantwortlich. Juristisch ausgedrückt heißt das: voll geschäftsfähig, was ungefähr gleichzusetzen ist mit: voll haftbar!

Das Leben stellt einem manchmal böse Fallen, die viel, viel Geld kosten oder einen in ganz blöde Situationen bringen können. Keiner ist vor Fehlern gefeit, ganz klar. Doch wenn man weiß, wo die Fallen stehen, kann man sie umlaufen.

Wenn ich zurückschaue, fällt mir ein, wie oft ich mir gewünscht habe, dass mir meine Eltern in diesen Bereichen etwas mehr mit auf den Weg gegeben hätten. Leider sind diese Fächer im Leben kein Unterrichtsstoff – oder nur am Rande –, so dass ich viele Erfahrungen selber machen musste. Es war eine bittere und mitunter teure Zeit.

Umso wichtiger ist es mir heute, dieses Buch zu schreiben. Es soll als Ratgeber für den Alltag dienen und dir beim Einstieg ins Leben helfen. Du musst nicht die gleichen Fehler machen! Starte lieber gleich durch – und zwar richtig!

Vor einigen Jahren hatte ich einen Freund, der es nicht richtig gemacht hat. Mit ihm habe ich erlebt, wie es ist, am Existenzminimum leben zu müssen, aber gleichzeitig habe ich lernen dürfen, was Zusammenhalt bedeutet und was das Wichtigste im Leben ist: Freundschaft!

Kurz bevor wir uns über den Weg liefen, musste er durch unglücklichste Umstände eine eidesstattliche Versicherung ablegen. Was das ist, erkläre ich später noch genauer, jedenfalls bedeuet es, dass man völlig pleite ist. Für meinen Freund begann ein Leben in tiefster Depression. Zusammen krempelten wir die Ärmel hoch und starteten, einen fast sechsstelligen Schuldenberg innerhalb weniger Jahre abzuarbeiten. Diese Zeit war hart! Aber trotzdem verließ uns nie der Mut.

Wie man das schaffen kann und – was noch wichtiger ist – wie man vermeiden kann, überhaupt erst in so eine Situation zu kommen, werde ich in diesem Buch erzählen.

Natürlich greift eines in das andere über. Geld bekommt man durch Arbeit. Aber wie bekommt man Arbeit? Auch hierfür halte ich praktische Tipps und einfache Tricks für den Einstieg ins Berufsleben bereit. Durch meine jahrelange und enge Zusammenarbeit mit Vorgesetzen und meine Tätigkeit in der Erwachsenenbildung weiß ich, wie Chefs denken, was sie möchten und wonach sie suchen.

Und dieses Wissen gebe ich gerne an dich weiter!

Voll in der Pubertät

Die Achterbahn der Gefühle! Gerade hat man sich an das flaue Gefühl der Steilkurve gewöhnt, geht es nahezu senkrecht nach unten. Kaum unten, endlich Erholung, als sich die Lage durch die nächste langsame Steigung wieder anspannt. So ungefähr ist einem tagtäglich zumute.

Aber das ist ganz normal. Die Hormone spielen sich ein, und alles, was damit zu tun hat, versetzt einen manchmal in ein Auf und Ab.

Auch wenn man sich oft selber nicht leiden mag und allzu gerne im Selbstmitleid versinken würde, so ist das doch ein wichtiger Reifungsprozess UND die schönste Zeit im Leben. Denn das ist deine Jugend!

Deshalb kann ich dir nur den einen Rat geben: Genieße sie, genieße sie, genieße sie!! Sei kreativ und experimentierfreudig – in deinen Gedanken, mit deinem Outfit, probier aus und sei ausgelassen. Natürlich alles im Rahmen der Legalität! Doch jetzt hast du noch die Zeit, nutze sie.

Gerade diese Zeit bietet dir eine besondere Grundlage für Freundschaften. Such dir einen Menschen, mit dem du dich austauschen kannst. Eine beste Freundin, einen besten Freund. Und glaub mir, die Freundschaften, die in der Jugend geschlossen werden, können ein Leben lang halten.

Damals war ich dreizehn Jahre, als ich mich mit meiner heute immer noch besten Freundin verabredete. Von da an gingen wir beide gemeinsam durch Dick und Dünn. Zu oft gab es Situationen, wo uns zum Heulen zumute war. Anschließend hatten wir beide auch tatsächlich Tränen in den Augen – aber vor Lachen! Und das ist das Wertvollste, was man im Leben überhaupt nur haben kann.

Wohin soll die Reise gehen?

Die Pubertät ist auch gleichzeitig die Zeit der Orientierung. Du nabelst dich langsam vom Elternhaus ab und stehst bald auf eigenen Füßen. Das bedeutet ebenso, dass du lernen musst, für dich selbst Verantwortung zu übernehmen.

In der Zwischenzeit hast du schon einige Menschen kennen lernen können, die du vielleicht als Vorbild siehst. Und ganz bestimmt gibt es schon welche, die als abschreckendes Beispiel gelten. Das ist bereits ein Hinweis darauf, mit welchen Verhaltensweisen du umgehen kannst, welche du akzeptierst und was dir total gegen den Strich geht.

Fang an, Dinge zu hinterfragen. Ich möchte deinen Eltern ja nicht in den Rücken fallen, aber aus eigener Erfahrung kann ich sagen, dass ihre Weisheiten nun mal nicht immer zu den eigenen Vorhaben passen. Mein größter Traum war es, einige Zeit ins Ausland zu gehen. Nach Amerika als Au-pair, um Land, Leute und Sprache zu erlernen. Mein Vater hatte immer die passenden Argumente, um mir meine Pläne zu vermiesen. Ja, und eines Tages war ich dann doch zu alt dazu.

Deshalb überleg dir, was du gerne tun möchtest oder was dich in deiner Entwicklung weiterbringen würde – und KÄMPFE darum.

Wahnsinn oder Größenwahn?

Orientiere dich an den Erfolgreichen. Haben dich deine Eltern vielleicht auch schon mal mit dem Spruch genervt: Sage mir, mit wem du gehst und ich sage dir, wer du bist? Fürchterlich, nicht wahr? Aber stopp – überlege noch mal.

Wenn du vorwärtskommen willst, dann schiel auf die, die schon vorwärtsgekommen sind. Von ihnen kannst du lernen. Selbst in der »Erwachsenen«-Literatur steht, dass man sich mit Erfolgreichen umgeben soll. Denn das sind Menschen, deren Ausstrahlung auf einen selbst abfärbt und Früchte trägt. Das ist gleichzeitig auch die Erklärung, weshalb der Spruch oben stimmt, denn es funktioniert natürlich genauso bei den sogenannten Nichtsnutzen.

Erfolg ist mit Sicherheit KEINE SCHANDE. Leider trauen sich immer noch zu wenige Leute in Deutschland, mit Erfolg offen umzugehen, denn bereits in der Kindheit wird man zur Zurückhaltung erzogen. Ganz anders dagegen in anderen Ländern. Da werden die Erfolgreichen so richtig gefeiert!

Egal, ob es dabei um Schulnoten geht, es ist toll, dass es dein Klassenkamerad/deine Klassenkameradin schafft, ständig die besten Noten zu schreiben. Oder im Sport die Höchstleistung zu erreichen. Es ist Wahnsinn, dass Reinhold Messmer alle 8000er dieser Welt bestiegen hat. Ebenfalls ist es Wahnsinn, dass Michael Schumacher siebenmal Formel-1-Weltmeister wurde.

Aber wahnsinnig tolle Leistungen muss man dem unterscheiden, was nur so aussieht: von Größenwahn. Größenwahn ist nicht unbedingt zur Nachahmung zu empfehlen. Man sagt zwar salopp: Wer angibt, hat mehr vom Leben, doch im tiefsten Innern sind das ganz arme Menschen, die tatsächlich glauben, anderen mit materiellen Dingen imponieren zu können. In Wirklichkeit sind sie nur nervig und schnell langweilig, da ihr neuestes Handy, ihr Designer-Outfit, ihr teurer Haarschnitt oder ihr Protz-PC das Einzige sind, woüber sie sich mitteilen können. Meistens ist es sogar so, dass sie egoistisch und selbstherrlich sind. Sie interessieren sich nicht wirklich für ihre Mitmenschen.

Ein weiterer Unterschied ist der, dass Größenwahnsinnige oft nur einen guten Sponsor haben. Vielleicht hat Daddy das Taschengeld erhöht oder versucht, sein schlechtes Gewissen zu beruhigen, indem er seinem Sohn mal wieder das teuerste PC-Spiel gegönnt hat. Doch aus eigener Kraft schaffen solche Leute meist nicht viel, was ihnen spätestens im Arbeitsleben böse auf die Füße fallen wird.

Cool sein oder auf der Strecke bleiben

Es ist toll, dass uns die heutige Technik die Welt greifbar macht. Auch mich hat das Internet vor langer Zeit gefesselt. Und es ist bereits ein Albtraum, wenn nur für wenige Minuten wegen eines Server-Problems keine Verbindung aufgebaut werden kann. Ganz unbestritten ist es das Tor zur Welt und ich staune noch immer über die tolle Möglichkeit, in Sekundenschnelle mit Menschen in anderen Ländern zu kommunizieren.

Ganz unbestritten macht es auch Spaß, während eines Computer-Spiels für ein paar Minuten die Welt um sich rum zu vergessen und abschalten zu können. Dennoch bringen all diese Verführungen immense Begleiterscheinungen mit sich – und diese leider auch noch recht negativ.

Immer wieder gibt es in den Medien fürchterliche Schlagzeilen, wie zum Beispiel dass Simsen die Jugend dumm macht. Die Kiddies entwickelten inzwischen ihre eigene SMS-, Chat- und leider mittlerweile selbst Umgangssprache. Das hat zur Folge, dass die jungen Leute die deutsche Sprache kaum mehr beherrschen.

Vereinsamung und Sprachlosigkeit sind zwei Komponenten, die das spätere Leben einmal unsagbar schwer machen werden. Das führt einen zwangsläufig an einen Punkt, an dem man Angst vor Menschen bekommt. Man ist sehr schnell schutzlos ausgeliefert, denn das Gegenüber kann einen unbemerkt aufs Kreuz legen. Möchtest du das? Wirklich?

Deshalb mein Rat, den ich schon fast als Appell an dich richten möchte: Such dir Alternativen, geh raus, triff dich mit Freunden, gründe eine Interessengemeinschaft, zum Beispiel um anderen in irgendeiner Form zu helfen. Das kann dir so viel Erfüllung geben, wie du sie von einem Computer-Spiel nie bekommen könntest.

Die tägliche Manipulation durch andere

Du findest es cool, in Skater-Klamotten, völlig unvorteilhaft gekleidet, durch die Gegend zu laufen oder als junges Mädchen bauchfrei, selbst im Winter bei minus zwanzig Grad, um »in« zu sein? Oder eine Frisur zu tragen, bei denen gerade die jungen Herren aussehen, als ob sie nicht bis fünf zählen können? Oder sich mit vierzehn schon Gedanken über eine Schönheits-OP zu machen, ohne vorher erlebt zu haben, ob der Makel, den man sich einredet, nicht vielleicht ein liebenswertes Detail an einem ist?

Das ist cool? Nein, das ist manipuliert! Dahinter steht ein gigantischer Industriezweig, der sich nur damit beschäftigt, neue Impulse zu setzen, um an dir kräftig zu verdienen. Und du bist in diesem Spiel nur Mittel zum Zweck. Wie das funktioniert, werde ich dir erklären.

In jedem großen Unternehmen gibt es eine Marketing-Abteilung. Marketing heißt: Bedürfnisse wecken und Bedarf decken. Und um Bedürfnisse zu wecken, gibt es Spezialisten, die das sogar studiert haben. Die Hauptaufgabe der Leute, die dort arbeiten, ist es, neue Märkte zu finden, zu analysieren, was Jugendliche wollen, worauf sie anspringen und wie man durch die jungen Leute Geld verdienen kann.

Ein neues Produkt wird auf den Markt gebracht, beworben – mit sehr viel Verkaufspsychologie – und wenn die Nachfrage nachlässt, ist bereits das Nächste am Start. Also, wenn es nach der Wirtschaft geht, dann bräuchtest du heute eine Bermuda-Jeans, morgen eine Capri-Jeans und übermorgen die Schlag-Jeans. Am liebsten wäre es den Verantwortlichen, du würdest jedes Mal deinen Kleiderschrank komplett neu bestücken.

Sinn und Zweck der Werbung ist es nicht, dich zufrieden zu machen, sondern immer wieder eine neue Unzufriedenheit in dir hervorzurufen, weil du das Neueste noch nicht hast. Die Hauptaufgabe der Werbung ist es, Leute unzufrieden zu stimmen, damit sie kaufen. Ein glücklicher Mensch konsumiert nicht und die Industrie lebt unter anderem sehr gut von den vielen, vielen Frustkäufen.

In der Modebranche ist es heute schon klar, was im nächsten Sommer kommen wird. Hier wird so ca. anderthalb Jahre im Voraus gearbeitet. Ähnlich ist es in der Musikbranche. Das seid nicht ihr, also die jungen Konsumenten, die bestimmen, dass nun zum Beispiel Techno der absolute Renner ist, nein, das ist die Industrie!

Momentan ist es »in«, von den alten Gruppen Remix-Versionen aufzulegen. Während meiner Jugend hatte ich das Glück, diese Interpreten noch als Originale erleben zu dürfen. Und das war supertoll! Deshalb kann ich es nur empfehlen, sich mal auf die Suche nach den alten Stars zu begeben. Dahinter verbergen sich gleichzeitig hochinteressante Lebensläufe und vielleicht inspiriert dich die eine oder andere Geschichte dazu, selbst ein Original

– eine Persönlichkeit, in welchem Bereich auch immer – werden zu wollen.

Deshalb trau dich ruhig, dich selbst zu entdecken und dich all den Vorgaukelungen zu widersetzen. Finde deinen eigenen Stil und werde zum Individuum. Das passt nämlich am besten zu dir! Dabei erinnere ich mich an den Jugendfreund meines Bruders. Er trug seine Haare immer stachelig wie ein Igel und erhielt schon sehr bald den Spitznamen Kaktus. Obwohl diese Phase mittlerweile bei ihm abgeschlossen ist, so kennt ihn zwanzig Jahre später noch jeder unter seinem Nicknamen.

Schule – nein danke!

Jaja, dieser Spruch kam mir auch einmal über die Lippen! Wenn man als Schüler oder Schülerin jeden Tag antreten muss, dann fällt es manchmal schon schwer, den Sinn darin zu erkennen. Wie oft liegt es am Lehrer oder an der Lehrerin, dass man die Mitarbeit verweigert, weil sie einen nicht leiden können oder ungerecht behandeln. Wie oft hat man das Gefühl, dass man Hausaufgaben und Sonderleistungen macht, weil die das so wollen.

Wie oft tappt man im Dunkeln, weil man sich Wissen aneignen muss, das einen ehrlich gesagt gar nicht interessiert. Wie oft paukt man Geschichtsdaten, Formeln, Zitate etc. in sich rein, die man unter anderen Umständen großzügig ignorieren würde? Und wie oft wird eine Arbeit geschrieben – gerade zum falschen Zeitpunkt, da man ausgerechnet heute nichts gelernt hat?

Das sind alles völlig normale Dinge. So ging es jedem von uns, auch wenn unsere Eltern oft was anderes behaupten und zwanghaft versuchen, die Wirklichkeit vor uns zu verheimlichen.

Dennoch ist ein gutes Abschlusszeugnis wichtig für die nächste Hürde im Leben, nämlich dafür, einen ordentlichen Ausbildungsplatz zu finden. Leider werden die Anforderungen immer höher geschraubt, so dass man zu verschiedenen Berufen schon Mittlere Reife braucht, wo früher noch ein guter qualifizierter Hauptschul-Abschluss ausreichte.

Aber glaub mir, danach wird es leichter! Wenn es erst einmal um die Berufsausbildung geht und man erkannt hat, dass man für SICH – und sonst niemanden – lernt, dann geht es meist besser von der Hand.

Außerdem ist die Schulzeit doch die schönste Zeit im Leben. Deshalb versuch sie zu genießen, denn es ist ja nicht alles nur schlecht, oder?

Mut zum eigenen ICH

Leider ist es so, dass nur wenige Menschen mit Selbstvertrauen und Selbstbewusstsein ausgestattet sind. Meiner Meinung nach sind das die zwei wichtigsten Säulen im Leben. Alles andere macht einen nur kaputt. Erschreckenderweise stelle ich oft selbst bei älteren Menschen fest, dass sie weder Selbstbewusstsein noch Selbstvertrauen haben.

Oft liegt das an unserer Erziehung. Es schickt sich nicht, mal an sich selbst zu denken, denn sonst könnte man als selbstherrlich oder egoistisch verschrien werden – und das will ja keiner. Also kümmert man sich zuerst um die Belange anderer, schaut, dass es seinen Freunden gut geht, oder macht sich um sich selbst keine Gedanken, weil es ja »sowieso keinen Sinn hat« oder »man das doch gar nicht verdient hat« oder »nicht der Mittelpunkt der Welt ist« oder »man es nicht wert ist« oder was auch immer.

Im Laufe der Zeit ergibt sich wohl eine ganz beachtliche Liste mit solch »netten« Weisheiten, die man in seiner Kindheit um die Ohren geschmissen bekommt. Das Schlimme daran ist, dass man diesen Blödsinn irgendwann verinnerlicht und dann auch noch glaubt. Umso schlimmer, dass man das später so an seine eigenen Kinder weitergibt, WENN man sich NICHT vorher einmal die Mühe macht und anfängt, diese Einstellungen zu hinterfragen.

Nicht alles, was von anderen kommt, ist auch richtig und gut. Manchmal setzen das Leute auch gezielt ein, um einen unter Druck zu setzen. Deshalb mach dir die Mühe und setz dich einmal mit dir selbst auseinander. Glaub mir, es rentiert sich und ist mit Sicherheit die wichtigste Investition in dein Leben.

Versuche doch einmal, folgende Fragen zu beantworten: *Wer bin ich, was kann ich, was will ich?* Das muss nicht sofort sein, kann wahrscheinlich auch nicht gleich beantwortet werden. Doch möchte ich dich bitten, dich mit diesen Fragen auseinanderzusetzen, denn die werden dich durch dein ganzes Leben begleiten.

Natürlich verändern sich durch die verschiedenen Lebensabschnitte die Antworten. Aber, egal in welchem

Alter, es ist wichtig zu wissen, was man drauf hat. Tatsächlich drauf hat! Ich rede jetzt nicht von Wichtigtuerei oder Hochnäsigkeit.

Werde dir deiner Fähigkeiten bewusst. Spätestens beim Bewerbungsschreiben musst du dir darüber im Klaren sein, denn dann sind das sehr wichtige Punkte, wie du dich von anderen abhebst.

Aber selbst im privaten Alltag ist es wichtig. Sei ruhig so mutig und begib dich mal auf die Suche nach deinen Talenten. Vielleicht wirst du überrascht sein, was dir diese spannende Erfahrung alles bietet. Wenn du dich selbst dabei schwertust, dann frage doch mal deine Eltern, einen Freund oder deine beste Freundin, wie sie dich einschätzen.

Die Talente beziehen sich nicht nur darauf, gut malen zu können, ein Musikinstrument zu spielen oder ein kleiner Erfinder zu sein. Nein, es kann auch sein, dass du ein Verhandlungskünstler bist, ein guter Zuhörer oder Redner. Vielleicht zeichnest du dich durch ganz besondere Courage aus oder kannst dich besonders gut ausdrücken. Es gibt unzählige Gebiete, auf denen man talentiert sein kann.

Mache dir die Mühe und spüre sie auf. Der nächste Schritt wird sein, dass du diese auch leben sollst. Du hast etwas ganz Besonderes, das nur du drauf hast. Du bist etwas Besonderes! IMMER!!! Jeder von uns.

Vor einiger Zeit habe ich von einem Jugendlichen gehört, dass er ein »Opfer« wäre. Ich wunderte mich über diese Aussage und verstand den Zusammenhang nicht ganz. Weshalb Opfer? Von was Opfer? Wie kommt er darauf, sich als Opfer zu sehen?

Nicht zuletzt war ich deswegen erstaunt, weil es eigentlich gar keine Opfer gibt. Außerdem ist die Jugend nicht der geeignete Zeitpunkt, sich mit so einem Thema auseinanderzusetzen. Da sollte man sprühen vor Lebensfreude und Aufregung, was man aus seinem Leben machen kann, denn es stehen einem TÜR UND TOR OFFEN!

JETZT ist der Zeitpunkt, alles machen zu können, was man vorhat. Deshalb ist es sooo immens wichtig, sich damit zu beschäftigen. Nutze die Chancen, die dir deine Jugend bietet, nutze die Chancen, die dir die Welt bietet. Nutze die Chance, JETZT zu dir zu finden und ganz klar zu sagen: *So bin ich, das kann ich und da will ich hin!*

Es kommt noch ein ganz anderer Aspekt hinzu: In Deutschland machen sich nun langsam die geburtenschwachen Jahrgänge bemerkbar. Das bedeutet, dass der Nachwuchs in der Wirtschaft fehlt. Es gibt immer weniger Fachkräfte. Umso wichtiger ist es, dass du frühzeitig deinen Weg findest und Mut zu deinem eigenen Ich entwickelst.

Wenn du jetzt die Weichen richtig stellst, wirst du später irre Chancen haben, etwas ganz Tolles aus deinem Leben zu machen. Gehe mit gutem Beispiel voran. Werde für deine Freunde ein Vorbild und du wirst schnell merken, wie viel Anziehungskraft dir das bringt. Selbstbewusstsein bringt Attraktivität und Attraktivität ist anziehend.

Selbstvertrauen kann man üben. Wenn es nötig ist, in ganz kleinen Schritten. Sicherlich wird es immer Situationen oder Aufgaben im Leben geben, vor denen man erst einmal schluckt und sich fragt: Hilfe, wie soll *ich* das bewältigen? Das schaffe ich NIEEEEEE. Aber keine Panik, das klappt alles.

Zunächst einmal tief durchatmen und dann einen Schritt nach dem anderen. Probiere etwas aus, was dich vielleicht schon lange reizt, von dem du aber immer denkst, dass du es sowieso nicht schaffst. Eine andere Frage: Was hast du zu verlieren? Darauf fällt mir nur eine Antwort ein: GAR NICHTS! Geht es um die mögliche Blamage? Vor wem?

Blödsinn! Hier ein Tipp von mir: Mit Humor lässt sich vieles überspielen. Außerdem habe ich oft gerne mit Absicht kleine Pannen eingebaut, gerade wenn Perfektion gefragt war. Damit erhöht man den Erinnerungseffekt. Und der Erfolg gab mir Recht, denn eines habe ich nie gemacht: meine Persönlichkeit verleugnet oder überspielt.

Dabei fällt mir eine nette Geschichte ein: Vor vielen Jahren las ich ein ganz tolles Buch, und obwohl es eigentlich ein sehr sachlicher und teilweise erschütternder Inhalt war, war es so klasse geschrieben, dass ich an manchen Stellen wirklich Tränen lachen musste. Damals wünschte ich mir, den Autor einmal kennen lernen zu dürfen, da mich einfach interessierte, wer in der Lage ist, so toll zu schreiben.

Kurz danach sollte mein Traum wahr werden. Meine Freundin informierte mich, dass genau dieser Autor zu seinem Thema einen Vortrag bei unserer IHK hielt. Der Entschluss war schnell gefasst, gemeinsam dorthinzugehen. Wir hörten uns an, was es zu sagen gab, und wurden anschließend noch angehalten, zum gemütlichen Beisammensein der IHK mitzukommen. Ok, ein paar Minuten waren sicherlich kein Problem, da wir danach zusammen ins chinesische Restaurant gehen wollten, um unsere bestellte Peking-Ente genießen zu können.

Plötzlich kam der Autor mit der gesamten Delegation herein: der Chef der IHK, Bankenchefs und sonstige Wirtschaftsgrößen aus unserem Raum. Sie setzten sich alle gemeinsam an einen Tisch. Schnell erinnerte ich mich an meinen Wunsch, mich mit dem Autor einmal unterhalten zu können, und ich überlegte fieberhaft, wie ich das anstellen könnte. Zu dem Zeitpunkt wusste ich auch ganz genau, dass diese Chance einmalig war und sie sich so nie mehr wiederholen würde.

Da war sie dann: DIE IDEE! Ich stand auf, lief nachdenklich und UNENDLICH aufgeregt an den Tisch, wägte unterwegs noch ab – soll ich, soll ich nicht … Meine Freundin rief mir aufgeregt hinterher, dass ich mich wieder setzen sollte. Ihre Befürchtungen waren groß, dass ich mich in dem Moment in Grund und Boden blamieren könnte. Und das vor allen Leuten!

In Sekundenbruchteilen überlegte ich, ob sie Recht haben könnte, doch der Wunsch, diese einmalige Gelegenheit beim Schopf zu packen, war viel größer. Mit Flugzeugen im Bauch, Lampenfieber wie vor meinem ersten Bühnenauftritt, als ich in meiner Jugend Musik machte, und mit weichen Knien, während ich nach den richtigen Worten suchte, lief ich einfach weiter. An meinem Ziel angekommen, wusste ich: jetzt gilt es. Würde ich jetzt wieder umkehren, dann hätte ich mich wirklich bis auf die Knochen blamiert und mich zur Lachplatte der Region gemacht. Nun musste ich …

Um noch etwas Zeit zu gewinnen, wartete ich erst einmal höflich, bis das geführte Tischgespräch beendet wurde und die Aufmerksamkeit auf mich gerichtet war. Alle Augen blickten gespannt in meine Richtung. Zuerst begrüßte ich die Runde, stellte mich kurz vor, entschuldigte mich für die Störung und sprach dann meinen Autor direkt an, indem ich ihm erklärte, dass ich sein Buch gelesen hatte und total begeistert war und ich ihn deshalb zum Essen einladen wollte. »Unser fünfter Mann für die Peking-Ente ist abgesprungen. Hätten Sie Lust, diese Lücke zu schließen?« Schallendes Gelächter am Tisch, da wohl niemand mit so etwas gerechnet hatte – aber ich erhielt spontan eine Zusage. Das wiederum haute MICH fast um.

Es wurde ein ganz toller Abend mit sehr interessanten Gesprächen und überstieg bei weitem meine Erwartungen. Anschließend bekam ich noch viele andere Bücher des Autors geschenkt, teilweise handsigniert mit Widmung. Damit nicht genug, lud er mich zu seinem nächsten Vortrag nach Salzburg ein. Das war dann noch das Sahnehäubchen, denn seine Veranstaltungen waren so teuer, dass man sich die als Normalsterblicher gar nicht leisten konnte.

Du siehst: Es lohnt sich, wenn du DU SELBST bleibst. Ich bin die Situationen oder Aufgaben immer so angegangen, wie es zu mir gepasst hat – und selten, wie es andere von mir verlangt haben. Mit einer Ausnahme: wenn das Verlangte von Vorgesetzen zu mir gepasst hat.

Trau dich, trau dich, trau dich einfach! Werde einzigartig, werde unverwechselbar. Das ist DEIN persönliches Geheimrezept fürs Leben. Du bist als ein Original geboren. Verplempere doch deine Zeit nicht damit, dass du ein Leben lang versuchst, die schlechte Kopie eines anderen Menschen zu werden.

Bis über beide Ohren verliebt

Wow! Das Herz schlägt bis zum Hals, Schwindel überfällt dich, wenn der oder die Angebetete vor dir steht, man könnte sich anschließend eine auf die Klappe hauen, weil man die ganze Zeit mal wieder nur dummes Zeugs geredet hat und meint, man hätte sich in Grund und Boden blamiert. Wer kennt diese Gefühle nicht?

Das ist mit Abstand DER Höhepunkt der Jugend, der Höhepunkt der Pubertät. Man kann es kaum erwarten, bis sich der- oder diejenige endlich meldet, bis es Abend ist und man sich wieder in die Arme nehmen kann. Wenn man sich zufällig in der Stadt begegnet, hat man das Gefühl, nur noch aus Pudding zu bestehen, und rechnet damit, dass es einem jeden Moment den Boden unter den Füßen wegzieht.

Ein herrlicher Zustand! Dieses Gefühl, abheben zu können, ist so ziemlich das Irrste und Intensivste, was man so erleben kann. Genieß es in vollen Zügen und fühle dich lebendig. Nutze die Zeit auch für dein Leben. Stelle die Weichen und gehe Dinge an – sie werden dir gelingen!

Verliebt zu sein ist toll! Wenn zwei Menschen zusammenkommen, die sich vorher völlig fremd waren, ist es die tollste Erfahrung im Leben. Besonders herrlich und wundervoll ist es, wenn man sich vorher unverstanden und allein gefühlt hat. Oft gibt es ja in der Pubertät Verständigungsprobleme mit den Eltern und man fühlt sich allein und abgeschottet.

Umso großartiger ist es, jemanden zu treffen, bei dem man sich verstanden, geborgen und einfach gut fühlt. Dieses Ereignis ist einfach umwerfend!

Doch je mehr man sich kennen lernt und durch die Vertrautheit das Geheimnisvolle verloren geht, desto schneller ziehen Streit, womöglich Enttäuschung und Langeweile ein. Die anfängliche Begeisterung wird dadurch ganz schnell abgetötet.

Oft liegt es gleichzeitig daran, dass die meisten Menschen von der Liebe in erster Linie erwarten, selbst geliebt zu werden, statt zu lieben. Und das wiederum will gelernt sein, denn eine Beziehung ist ein ganz zartes Pflänzchen, das jeden Tag gehegt und gepflegt werden will.

Irgendwann spürt man mit dem ersten Verliebtsein das Verlangen, sich näherzukommen. Die Gefühle sind so groß und intensiv, dass man den Schritt wagen möchte, vom Kuscheln und Streicheln nun endlich miteinander zu schlafen. Aber Vorsicht: Lass dich von nichts und niemandem dazu drängen. Der Spruch »Wenn du nicht mit mir schläfst, dann mach ich Schluss« hat nichts mit einem Liebesbeweis zu tun. Im Gegenteil!

Du selbst merkst am allerdeutlichsten, wann für dich der Zeitpunkt gekommen ist. Und miss dich auch nicht mit deinen Klassenkameraden. Oft steckt nicht viel hinter irgendwelchen Prahlereien. Lass dir Zeit! Die meisten Jugendlichen haben ihren ersten Geschlechtsverkehr nämlich erst im Alter zwischen siebzehn und zwanzig Jahren.

Solltest du für dich feststellen, dass du diesen ganz besonderen Moment erleben möchtest, dann tust du gut daran, dich rechtzeitig um die Verhütung zu kümmern. Als Mädchen empfiehlt sich nach wie vor die Pille, womit gleichzeitig der vielleicht erste Termin beim Frauenarzt ins Haus steht.

Davor braucht man aber keine Angst zu haben. Natürlich gibt es immer wieder Erzählungen, wie schlimm das ist und wie unangenehm. Alles Blödsinn! Glaube mir, ein guter Frauenarzt oder eine gute Frauenärztin kennen die Hemmungen, Bedenken und Unsicherheiten von jungen Mädchen und gehen dementsprechend darauf ein. Und wenn einem danach ist, kann man auch die beste Freundin mitnehmen oder den Freund oder wen auch immer.

Allerdings ist Verhütung lange nicht mehr nur Frauensache. Es gibt auch für die Jungs einiges darüber zu wissen oder zu tun. Darüber geht es im nächsten Kapitel ausführlicher.

Verhütung – Spaß ohne Folgen

Auch wenn die Welt rosarot erscheint, sollte man doch den Kopf nicht ganz verlieren und sich rechtzeitig um die Verhütung kümmern. Das ist allemal einfacher, als sich nachher vielleicht mit der Abtreibungsfrage herumquälen zu müssen und eventuell ein Leben lang von Gewissensbissen geplagt zu werden. Jährlich gibt es über 11.000 Schwangerschaften bei Minderjährigen mit über 6.000 Abbrüchen. Rund 18 % verhüten nicht beim ersten Mal.

Gerade in der Pubertät ist es ganz besonders wichtig, richtig zu verhüten. Der Körper, ob beim Jungen oder beim Mädchen, ist in einer hormonellen Umstellungsphase. Diese Entwicklung kann mehrere Jahre dauern, so dass eine Zuverlässigkeit zum Beispiel beim Zyklus des Mädchens noch gar nicht gegeben ist, um sozusagen natürlich zu verhüten. Was heißt das konkret?

Wenn ein Mädchen das erste Mal die Regel bekommen hat, kann es durchaus sein, dass danach eine ganze Zeit lang nichts mehr passiert. Im Gehirn werden Hormonsignale an die Geschlechtsorgane gesendet. Diese bewirken, dass Geschlechtshormone hergestellt werden. Aber nicht bei jedem Mädchen geht es gleich schnell und gleichmäßig stark. Deswegen kann es durchaus sein, dass sich bei dem einen Mädchen der Zyklus relativ schnell einspielt, während es bei einem anderen drei bis vier Jahre dauert, bis sich ein normaler Zyklus eingestellt hat.

Ursachen für einen unregelmäßigen Zyklus können aber auch seelische Spannungen, Enttäuschung, Wut, Ärger, Trauer, Stress usw. sein, genauso wie Medikamente, Rauschgift, permanente Hungerkuren, aber auch Übergewicht oder Leistungssport.

Ein regelmäßiger Zyklus funktioniert so, dass jeden Monat bei Mädchen und Frauen eine befruchtungsfähige Eizelle in einem der Eierstöcke heranreift. Diese Reifephase dauert ungefähr vierzehn Tage – gerechnet vom ersten Tag der Periode an – dann kommt es zum Eisprung. Die Eizelle wandert jetzt in den Eileiter und ist dort etwa einen Tag lang befruchtungsfähig.

Wenn sich keine befruchtete Eizelle in der Gebärmutter einnistet, löst sich das nicht benötigte Schleimhautgewebe ab und wird mit etwas Blut durch die Scheide ausgeschieden. Das ist dann die Menstruation.

Dieser ganze Vorgang dauert ungefähr 28 Tage. Im ersten Jahr ist es bei gerade mal 10 % der Mädchen regelmäßig, nach zwei bis drei Jahren bei etwa 20 %. Aber auch bei erwachsenen Frauen kommt es hin und wieder zu unregelmäßigen Zyklen, weil die komplizierte Hormonsteuerung durch viele Einflüsse aus dem Gleichgewicht geraten kann.

Umso wichtiger ist es also, sich um Verhütung zu kümmern, da selbst VOR der ersten Periode, aber auch in der Zeit danach ein unbemerkter Eisprung stattfinden kann. Als Mädchen solltest du nun den Gang zum Frauenarzt wagen, auch wenn du noch keine sechzehn Jahre alt bist.

Normalerweise kann die Pille erst ab sechzehn Jahren verschrieben werden. Aber es gibt viele Ausnahmen und letztlich entscheidet der Einzelfall. Deshalb geh bitte zum Frauenarzt, egal wie alt du bist. Es ist wichtig und ein Schritt Richtung Erwachsenwerden, wenn du bereits zu diesem Zeitpunkt beginnst, verantwortungsbewusst zu handeln. *Es gibt ja Möglichkeiten*, die man nutzen kann. Man muss es nur tun.

Und wenn du so beherzt reagierst, signalisierst du auf jeden Fall dem Arzt, dass du verantwortungsbewusst mit der Sache umgehst, was eine sehr wichtige Information für ihn ist, denn er entscheidet bei unter 16-Jährigen nach dem Reifegrad. Das heißt, dass er erkennen will, dass das Mädchen bereits versteht, um was es geht.

Es ist auch möglich, die Pille ohne Einwilligung der Eltern zu bekommen, selbst wenn du noch keine sechzehn Jahre alt bist. Dennoch solltest du damit sehr bewusst umgehen, denn wenn es zu einer ungewollten Schwangerschaft käme, würden deine Eltern früher oder später eh davon erfahren. Also sollten sie auch Verständnis oder zumindest Gesprächsbereitschaft dafür haben, wenn es bei dir ums Thema Verhütung geht.

Ich glaube, es gibt keinen schlimmeren und böseren Albtraum, als sich mit der Abtreibungsfrage herumquälen zu müssen.

Ich verurteile keine Frau, die abgetrieben hat, denn das ist ihre eigene höchst persönliche Entscheidung. Ich weiß nur, dass diese Frauen einen extremen Leidensweg hinter sich haben und viele auch noch vor sich, da sie lange Zeit an ihrer Entscheidung zu kauen haben. Manche sogar ihr Leben lang.

Das Einzige, was ich zu diesem Thema DEFINITIV sagen kann und womit ich auch an jeden einzelnen appellieren möchte und worum ich dich wirklich, wirklich bitten will: Kümmere dich um Verhütung!!! Es gibt viele Möglichkeiten, deshalb nutze sie, egal wie alt du bist.

Sollte dennoch jemand in dieser Klemme sitzen und das Kind eigentlich haben wollen, wenn man nur wüsste, wie es weitergehen könnte, dann schau doch einmal auf meine Homepage, auf der ich ganz viele Adressen von Beratungsstellen hinterlegt habe. (Homepage-Adresse: siehe letzte Buchseite.)

Nun wieder zurück zur Verhütung: Jede Verhütungsmethode ist besser, als nicht zu verhüten. Denn da liegt die Versagerquote bei 85 %! Als sicherste Methode gelten nach wie vor die Pille und der Hormonstab. Hier liegt die Zuverlässigkeit bei 99 % – 100 %. Für junge Mädchen eignet sich noch der Vaginalring als sehr sichere Verhütungsmethode, sowie ein korrekt angewendetes Kondom, das auch ein Schutz vor AIDS ist (Näheres dazu siehe weiter unten).

Eine in jungen Jahren völlig ungeeignete Verhütungsmöglichkeit ist zum Beispiel die Temperaturmethode, gerade wenn der Zyklus sich noch nicht eingespielt hat. Dazu gehört ebenfalls die Kalendermethode, die sich hier genauso schlecht anwenden ließe, oder der Verhütungscomputer. Eine sehr weit verbreitete und häufig angewendete Methode ist der Coitus Interruptus (das vorzeitige Abbrechen des Geschlechtsaktes), der aber ebenso für seine Unsicherheit berühmtberüchtigt ist.

Über Kondome solltest du noch wissen, dass du beim Kauf auf folgende Punkte achtest: Das Mindesthaltbarkeitsdatum darf nicht abgelaufen sein. Die Verpackung muss das aufweisen, genauso wie die Chargennummer und das Prüfzeichen der Euro-Norm. Wenn diese Angaben fehlen, ist die Ware hier nicht zugelassen und vielleicht dementsprechend minderwertig.

Zu Hause kann das Kondom spröde oder rissig werden, wenn es zu lange in der Hitze liegt, zum Beispiel in der Nähe der Heizung, oder Sonnenstrahlen ausgesetzt ist. Wenn du es anwenden möchtest, nimm vorher bitte scharfkantige Ringe von den Fingern, denn die können das Kondom beim Überziehen beschädigen, genauso wie splittrige Fingernägel.

Natürlich kann man das Anwenden eines Kondoms vorher einmal üben. Der richtige Umgang ist deshalb so wichtig, da die häufigsten Unfälle am Schluss passieren. Nicht, dass das Kondom platzt, nein, das kommt sehr selten vor. Viel größer ist die Gefahr, dass es zum Schluss im Körper des Mädchens hängen bleibt. Deshalb ist allergrößte Sorgfalt erforderlich und es muss beim Herausziehen festgehalten werden.

Solltet ihr das Gefühl haben, dass etwas schief gelaufen ist, dann sollte das Mädchen auf keinen Fall warten, bis die nächste Menstruation kommt, sondern auf dem schnellsten Weg den Frauenarzt oder die Frauenärztin aufsuchen.

Mit Kondomen zu verhüten, bringt noch weitere Vorteile mit sich. Es ist zum Beispiel der einzige Schutz vor der Übertragung von Geschlechtskrankheiten und somit auch vor Aids.

Was ist Aids eigentlich? Das ist eine »erworbene Immunschwäche«, die durch die Übertragung des HI-Virus ausgelöst wird. Das HI-Virus bewirkt einen Immundefekt. Wer infiziert ist – man sieht es den Menschen äußerlich nicht an –, kann trotzdem andere mit Aids anstecken.

Nicht selten kommt es vor, dass Infizierte über mehrere Jahre gesund bleiben und Aids erst nach zehn Jahren ausbricht. Deshalb neigen viele Menschen dazu, diese heimtückische Krankheit zu verharmlosen oder sogar ihre Existenz zu leugnen.

Umso aufmerksamer sollte man bei der Wahl der Partner sein, wenn man mit ihnen intim wird. Das HI-Virus überträgt sich ausschließlich durch den Austausch von Körperflüssigkeiten. Dafür sind Sperma- und Scheidenflüssigkeit und Blut oder Blutspuren bedeutend.

Eine der häufigsten Übertragungswege von HIV ist deshalb der Geschlechtsverkehr. Auch beim Fixen mit einem gemeinsamen Spritzbesteck kann man sich leicht anstecken. Selbst eine HIV-infizierte Mutter kann bei der Geburt ihr Kind anstecken. Allerdings ist die Medizin mittlerweile so weit, dass sie sämtliche Vorkehrungen trifft, um eine Übertragung des Virus zu vermeiden.

Viel größer ist die Gefahr, sich im Privatleben anzustecken. Und dabei steht der Sex an erster Stelle. Safer Sex ist daher die einzige Möglichkeit, sich zu schützen. Der Begriff kommt aus dem Englischen und bedeutet so viel wie »geschützter Sex«.

Dieser Schutz wird durch den richtigen Einsatz eines Kondoms hergestellt. Mittlerweile gibt es sogar Kondome für Frauen. Diese heißen »Femidom«. Weitere Fragen zu dem Thema beantworten gerne die eigens dafür eingerichteten Beratungsstellen. Die Adressen dafür stelle ich auf meiner Homepage zur Verfügung (siehe letzte Buchseite).

Selbst als Sofort-Maßnahme am Unfallort musst du nichts tun, was dich in Gefahr bringen könnte. Um einem Unfallopfer zu helfen, ist eine Herz-Druck-Massage lebensnotwendig. Dafür solltest du vorher AIDS-Handschuhe anziehen, um nicht mit dem Blut des Unfallopfers in Berührung zu kommen. Eine Mund-zu-Mund-Beatmung ist erst in zweiter Linie wichtig. Um sich möglicherweise dabei vor AIDS zu schützen, gibt es spezielle Life-Key-Masken. Diese bekommt man bei der DLRG, in der Apotheke oder du fragst mal beim Roten Kreuz nach.

Liebeskummer, wie kann ich damit umgehen?

Vor einigen Wochen hat mir eine Freundin einen sehr schönen Spruch genannt:

Wenn du dich selbst richtig lieben kannst, ist es egal, mit wem du zusammen bist.

Das trifft eigentlich den Nagel auf den Kopf.

Liebeskummer kann verdammt wehtun – und das auch, wenn man selbst Schluss gemacht hat. Es ist eine Trennung, und Trennungen tun immer weh. Immerhin ist es ja auch ein Teil des eigenen Lebens, der damit zu Ende ging. Aber dann liegt es an jedem selbst, wie lange dieser Schmerz anhalten wird. Nur ein paar Tage, einige Monate oder vielleicht ein Leben lang?

Klar lernt man Leute kennen, die man nie vergisst. Aber das muss nicht immer im positiven Sinn sein. Wenn ich an meine Jugend denke und mich an verflossene Lieben zurückerinnere, bin ich doch bei dem einen oder anderen froh, dass wir nicht zusammen geblieben sind.

Um ehrlich zu sein, gibt es kein Patent-Rezept gegen Liebeskummer. Jeder geht damit anders um und jeder empfindet es auch anders. Das ist davon abhängig, wie viel Gefühl im Spiel war. Aber was gar nichts bringt, ist der Versuch, Liebe zu erzwingen oder als Mädchen womöglich noch zu versuchen, den Freund durch eine Schwangerschaft an sich zu binden. Diese Rechnung ist noch gar nie aufgegangen.

Konzentriere dich lieber auf dich selbst. Wenn eine Freundschaft zu Ende gegangen ist, dann bedeutet das auch gleichzeitig eine neue Chance. Schau mal, somit hast du die Möglichkeit, dich wieder neu verlieben zu können.

Vielleicht in ein noch lieberes und netteres Mädel oder einen charmanteren Jungen. Wenn etwas zu Ende geht, ist das gleichzeitig der Startschuss für was Neues.

Welche Lebenspläne hattest du denn? Hättest du die aus Liebe auch so umgesetzt? Vielleicht kannst du nun doch deinen Traumberuf erlernen, den du sonst verworfen hättest, weil du dafür weiter hättest wegziehen müssen. Oder ein Studium im Ausland? Vielleicht kannst du nun irgendwelchen Hobbys nachgehen, die du sonst aus Rücksicht auf deine Beziehung zurückgestellt hättest, weil dein Freund oder deine Freundin damit nicht einverstanden war.

Vergrabe dich nicht in deinen Schmerz, sondern überlege dir irgendetwas, was du gerne machen würdest, gerne hättest, gerne erlernen möchtest, und verfolge deine Ziele. Zum einen lenkt das etwas ab und tröstet und zum anderen trägt es dazu bei, dass du bald wieder lachen wirst und durch deine positive Ausstrahlung schnell wieder einen anderen Menschen an deiner Seite kennen lernen wirst. Garantiert!

■ ■ ■ Ausbildung/Beruf

Die Qual der Wahl

Nichts ist entscheidender als die richtige Wahl des Berufes. Das ist eine sehr wichtige Entscheidung, die sehr sorgfältig getroffen werden sollte. Auch die Wahl des Ausbildungsplatzes bedarf großer Sorgfalt, denn alles beide entscheidet über deine Zukunft.

Doch wie geht man am besten vor? Zunächst einmal stellt sich die Frage, welches der passende Bereich ist. Wo sind deine Fähigkeiten und wie findest du sie heraus?

Das ist einerseits gar nicht so schwer. Vielleicht gibt es etwas, was dir richtig Spaß macht, worin du unschlagbar gut bist? Was ist deine Kern-Kompetenz? Das komische Wort kann dir durchaus einmal beim Vorstellungsgespräch begegnen. Deshalb überleg dir schon heute, was du am allerbesten kannst, worin deine ganz persönliche Stärke liegt.

Bist du sportlich die Nummer Eins oder eher im Theaterspiel? Kannst du gut mit Menschen umgehen oder besser rechnen? Stehst du gerne mal, um Situationen zu klären, als Frontmann oder Frontfrau im Mittelpunkt des Geschehens, oder hältst du dich lieber im Hintergrund auf? Bist du der musische Typ oder eher der Erschaffer? Baust du gerne oder liegt es dir mehr, Dinge zu erforschen? Möchtest du deine Kreativität ausnutzen oder lieber nach den mathematischen Wurzeln schauen?

Das und vieles mehr sind wesentliche und grundsätzliche Fragen, die du zunächst einmal für dich beantworten musst. Wenn du dich dabei schwertust, dann frag doch mal einen Freund, eine Freundin oder eine andere Person deines Vertrauens, die dir eine gewissenhafte Antwort geben kann, wie du wirkst oder von einem Außenstehenden eingeschätzt wirst. Wenn sich diese Person Mühe gibt, kann es sein, dass du sogar völlig neue Impulse bekommst, die du selbst so noch gar nicht wahrgenommen hast. Denn manchmal sieht ein anderer mehr als man selbst.

Vielleicht gibt es auch in deiner frühen Kindheit etwas, was du damals schon sehr gerne gemacht hast. Oft liegt da schon die Basis für den späteren Berufsweg. Höre einfach einmal in dich rein und setze dich mit dir selbst auseinander. Sicherlich wirst du auf etwas stoßen, was für deine Zukunft richtungsweisend sein kann.

Beruf oder Berufung?

Erst gestern hörte ich wieder im Bekanntenkreis, dass die Schule der Abschlussklasse den Rat mit auf den Weg gab, irgendwas zu lernen. Hauptsache, man hat erst mal was. Wenn ich so etwas höre, möchte ich am liebsten jeden einzelnen Schüler und jede einzelne Schülerin an die Hand nehmen und auf die eigene Bahn führen, denn »irgendwas lernen« ist der denkbar schlechteste Weg.

Oft treffen auch die Eltern die Entscheidung. Papa arbeitet als Maschineneinrichter, also muss es der Sohn auch werden, obwohl er lieber als Friseur arbeiten würde.

Solche Entscheidungen sind fatal – sie können das ganze Leben kaputt machen. In meinem Bekanntenkreis gibt es einige solcher Fälle. Die Konsequenz ist, dass die Menschen dadurch unzufrieden, verbittert und nicht zuletzt krank werden.

Deshalb triff diese wichtige Entscheidung für DICH. Auch auf die Gefahr hin, dass du damit jemanden verärgerst, verletzt oder enttäuschst, vergiss dabei nie, dass es um DEINE Zukunft geht und dass DU unter Umständen fünfzig Jahre lang einen Beruf ausüben musst, den du gar nicht magst!

Außerdem hat dieser gleichgültige Ratschlag noch einen ganz anderen Haken. Auch wenn man meint, egal was, Hauptsache, man hat erst mal was und kann dann immer noch was anderes machen, so kann ich aus eigener Erfahrung sagen: NEIN! Das geht dann nicht mehr so einfach.

Der klassische Verlauf ist die Ausbildung von meistens drei Jahren. Stell dir vor, du fängst mit sechzehn Jahren eine Lehre an. Bis du fertig bist, erreichst du das Alter von neunzehn oder fast zwanzig. Vielleicht möchtest du nun eine eigene Wohnung. Vermutlich hast du in der Zwischenzeit den Führerschein gemacht und ein Auto gekauft, finanziert oder geleast. Mag sein, dass du endlich mal richtig ausgedehnt in Urlaub gehen möchtest oder vielleicht schon vorhast, eine Familie zu gründen.

Hättest du dann tatsächlich noch Lust, Kraft und Nerven, gleich noch einmal von vorne anzufangen? Die letzten drei Jahre wären völlig umsonst gewesen, wenn du nach deiner Lehre was ganz anderes machst, weil du die erste »nur mal so« gemacht hättest.

Anders ist es, wenn du noch etwas zusätzlich lernst, um auf dem Vorausgegangenen aufzubauen. Aber nach der Lehre möchte man doch endlich mal anfangen, Geld zu verdienen, um sich seine Träume erfüllen zu können. Sparsam musste man bis dahin lange genug leben.

Deshalb mache deinen Beruf zur Berufung!

Mit Leidenschaft an die Sache

»Mir doch egal«, »Ich weiß nicht«, »Null Bock«, »Dann das nächste Mal ... vielleicht« oder »Keine Ahnung« sind mit Sicherheit keine Motoren, die einen vorwärtsbringen. Oder hast du schon mal von einem erfolgreichen Menschen gehört, der diese Einstellung hatte? Ich nicht. Aber ich könnte ganz viele Beispiele aufführen von Menschen, die mit dieser Einstellung auf der Strecke geblieben sind.

ICH WILL heißt das Zauberwort der Erfolgreichen, weil sie einen unbändigen Drang verspüren, ihren Weg zu gehen, um ihr Ziel zu erreichen. Oft sind dabei viele Hürden zu bezwingen, doch diese Menschen glauben an sich und ihr Vorhaben und lassen sich durch NICHTS davon abbringen.

Deshalb ist es so wichtig, die richtige Berufswahl zu treffen, denn dann wirst du automatisch selbstsicher und überzeugt auftreten. Du strahlst aus, dass du die richtige Entscheidung getroffen hast, und kannst Leute in deinen Bann ziehen, da du hinter dem stehst, was du tust.

Ganz sicher wirst du auf deinem Weg Stolpersteine haben oder auf Nörgler treffen, die dich aus Neid, Missgunst oder einer anderen Lebenseinstellung verunsichern oder gar vor deinem Vorhaben abbringen wollen. Doch damit wirst du gekonnt umgehen können, denn du weißt, dass du für dich die richtige Entscheidung getroffen hast.

Bewerbung kommt von Werbung!

Das große Mysterium der Bewerbung wird in vielerlei Varianten beschrieben. Es gibt zahllose Tipps im Internet, teilweise sogar kostenfrei, sowie Software, die beim Schreiben eine Hilfestellung geben soll. Hier kann ich nur sagen: Finger weg, denn so wirst du einer von vielen. Verschicke bitte niemals eine standardisierte Bewerbung!

Eine Bewerbung ist nichts anderes als Werbung in eigener Sache. Und Werbung ist immer individuell auf das Produkt zugeschnitten. Oder hast du schon mal erlebt, dass Opel die Werbung von Milka übernommen hat?

Plane deine eigene Werbestrategie und entwickle deinen persönlichen Werbespot. Das geht ganz einfach. Zuerst musst du das Produkt, nämlich deine Arbeitskraft, die du verkaufen willst, in- und auswendig kennen – mit all seinen Vorzügen, Vorteilen und Nachteilen. Überlege mal, ob die Nachteile tatsächlich Nachteile sind oder ob man daraus nicht vielleicht einen Vorteil machen kann.

Das Alter könnte bei einer Bewerbung ein Nachteil sein. Man ist zum Beispiel für einen Ausbildungsplatz schon zu alt. Gut, aber dafür könnte man für sein Alter schon mehr Verantwortungsbewusstsein als ein jüngerer Bewerber haben. Das wäre dann wieder ein Vorteil.

Überlege dir sehr genau, wo deine Stärken liegen, denn diese machen dich zu einer unverwechselbaren Persönlichkeit, mit der du dich von der Masse abhebst. Einer von vielen zu sein, macht es wahnsinnig schwer, irgendwo Fuß zu fassen.

Denke einmal darüber nach, was du in den letzten Jahren gemacht hast. Vielleicht kannst du dein Engagement als Klassensprecher, Schulsprecher oder Initiator der Schülerzeitung hervorheben. Warst du in einer Theatergruppe oder hast privat Dinge geleistet, die dir auf deinem beruflichen Weg weiterhelfen könnten?

All das sind Merkmale, die unbedingt in deine Bewerbungsstrategie aufgenommen werden müssen. Die zentrale Frage eines Arbeitgebers ist es: Was bringt es der Firma, genau diesen Mann/diese Frau einzustellen? Also anders formuliert: Wo liegt der Nutzen, den diese Person einbringen wird? Und das ist genau der Punkt, um den herum die Bewerbung aufgebaut werden muss.

Was passiert beim Vorstellungsgespräch?

Wahrscheinlich gibt es nichts, was einen nervöser macht, als der Gedanke an ein Vorstellungsgespräch – und ganz besonders, wenn es das erste ist. Aber keine Angst, der Kopf bleibt drauf. Du bist ja gut vorbereitet, denn durch dein Schreiben hast du ja bereits das Interesse an dir geweckt.

An dieser Stelle muss ich noch einen ganz wichtigen Punkt ansprechen. Schicke bitte NIEMALS, wirklich gar NIE deine Eltern voraus. Gehe SELBST in die Firma, um nach einem Ausbildungsplatz zu fragen oder dich vorzustellen. DU möchtest den Ausbildungsplatz, nicht deine Mutter oder dein Vater. Viele Geschäftsleute haben mir in letzter Zeit erzählt, dass eine von den Eltern abgegebene Bewerbung nur allein aus diesem Grund UNGELESEN wieder zurückgeschickt wird! Sie wollten DICH – nicht deine Eltern! Du darfst Fehler machen. Diese werden auch verziehen. Aber dieser eine ist das absolute K.O.-Kriterium. Den verzeiht dir keiner.

Die Personalentscheider möchten sich nun einen persönlichen Eindruck verschaffen, um danach eine bessere Wahl treffen zu können, wen sie einstellen. Dazu gibt es ein paar Kniffe – und wenn du diese beherzigst, hast du schon halb gewonnen.

Zunächst einmal ist es besonders wichtig, dass du du selbst bleibst. Bitte versuch nicht, diesen Auftritt mit der Theater-Bühne zu verwechseln, denn dein Gegenüber verfügt meist über eine sehr hohe Menschenkenntnis und merkt das sofort.

Was nun zählt, ist deine Persönlichkeit – deine Ausstrahlung und dein Auftreten. Dazu gehört als Erstes ordentliche Kleidung. Achte bitte darauf, dass sie sauber ist und nicht irgendwelche Risse oder abgetretene Beine hat. Grundsätzlich würde ich sagen, eher konservativ als zu schrill, und als Frau würde ich den Rock auch nicht zu kurz wählen oder die Bluse zu weit ausgeschnitten bzw. zu durchsichtig. Schließlich möchtest du ja wegen anderer Qualitäten eingestellt werden.

Die Frisur sollte sitzen und nicht den Eindruck erwekken, dass du gerade aus dem Bett gefallen bist. Genauso wichtig ist es auch, frisch geduscht – mit dezentem Duft – und geputzten Zähnen, ohne Kaugummi im Mund, zu erscheinen. Vorsicht bei Polyester-Kleidung – gerade im Sommer! Diese hat die Tücke, dass sie ganz schnell einen sehr unangenehmen Körpergeruch verursacht, besonders wenn man etwas aufgeregt und nervös ist und man dadurch ins Schwitzen kommt. Keine »Duftnote« setzen, durch die man zwei Stunden später noch immer würgend im Büro riechen kann, dass du da warst.

Höflichkeit ist das A und O. Das beginnt schon beim ersten Schritt in die Firma. Vielleicht triffst du vorher auf eine Person (Empfangsdame oder Mitarbeiter), die du nach dem Herrn XY oder der Frau AB fragen musst. Selbst hier gilt schon: Begrüßung, Höflichkeit und Bedanken. Denn diese Leute unterhalten sich miteinander, und wenn man bei so einer Person in Ungnade gefallen ist, nützt es wenig, anschließend auf den Job zu hoffen. Zumal das ja deine Kollegen von morgen sein können und du würdest dann gleich mit Spießrutenlaufen anfangen, wenn du diese von Anfang an vergrault hättest.

Achte auf einen aufrechten Gang und schleiche nicht ins Büro wie ein geprügelter Hund. Diese Demutshaltung ist völlig ungerechtfertigt, denn du kommst nicht als Bittsteller, sondern bietest der Firma dein wertvollstes Gut: deine Arbeitskraft!

Dazu gehört auch der richtige Händedruck. Ein angemessener Druck signalisiert ebenfalls Selbstbewusstsein und Standhaftigkeit. Wenn du dir nicht sicher bist, dann übe diesen vorher mit Freunden oder deinen Eltern.

Denn glaub mir, das ist ein immens wichtiger Aspekt, der sich durchs Leben zieht wie ein roter Faden. Vielleicht ist es dir auch schon einmal aufgefallen, wie einem die Gänsehaut aufsteigt, wenn man eine Hand schüttelt, die sich anfühlt, als würde sie einem jeden Moment als Glibber durch die Finger gleiten.

Über deine Qualitäten bist du dir bewusst, was dir ermöglicht, selbstbewusst auftreten zu können. Zeig, dass du hinter dem stehst, was du in deiner Bewerbung geschrieben hast. Dazu gehört ebenfalls ein fester Blickkontakt mit deinem Gegenüber. Schau ihm beim Reden in die Augen und nicht verschüchtert an ihm vorbei oder gar auf den Boden. Das erweckt den Eindruck, du hättest etwas zu verbergen oder schämtest dich.

Geh locker und entspannt in ein Vorstellungsgespräch und denk immer daran, dass es auch nur ein Mensch ist, der dir gegenüber sitzt. Sei ganz natürlich und hab keine Angst vor Fehlern. Fehler kann man mit Humor überspielen. Wenn du aber deine Nervosität gar nicht in den Griff bekommst, dann gibt es einen Trick: Stell dir dein Gegenüber einfach nackt vor. Aber aufpassen – nicht, dass du vor Kichern keinen vernünftigen Satz mehr herausbekommst.

Natürlich ist es gestattet und wird auch sogar erwartet, dass auch du Fragen stellst. Bereite dich vor, erkundige dich vorher über das Unternehmen, das Produkt, Zukunftsprognosen, Einsatzbereitschaft, Entwicklungsmöglichkeiten für dich usw. Zeig dich interessiert und engagiert. Dann bist du eigentlich bestens gewappnet und es kann fast nichts mehr schief gehen.

Was kommt danach?

In den seltensten Fällen erfährt man noch im Vorstellungsgespräch, wie die Entscheidung ausfallen wird. Sollte es so sein – prima! Doch meistens beginnt danach erst mal die Zeit des Wartens. Nutz diese für dich und fall nicht in eine Ohnmacht.

Bewirb dich weiterhin und halte die Augen offen. Schau nach anderen Unternehmen, die dich in deinem beruflichen Vorhaben voranbringen könnten. Überleg dir gleichzeitig Alternativen, falls das eine oder andere nicht klappt.

Wenn du nach zwei Wochen von der Firma noch nichts gehört hast, darfst du ruhig einmal anrufen und nachfragen. Aber auch hier gilt wieder: Höflich bleiben, selbstbewusst fragen, eventuell noch mal die persönlichen Vorteile hervorheben und Entgegenkommen signalisieren. Gerade wenn zum Beispiel aus zeitlichen Gründen noch keine Entscheidung getroffen werden konnte, nicht geschockt reagieren, sondern sagen, dass man dafür Verständnis hat und gerne noch etwas wartet.

Sollte eine Absage kommen, dann lass den Kopf nicht hängen. Du kannst gerne bei der Firma noch mal anrufen und fragen, weshalb sie sich für jemand anderen entschieden haben. Betrachte es als Lernen für später. Vielleicht kriegst du dadurch wertvolle Ratschläge, die du fürs nächste Gespräch beherzigen kannst.

Während meiner Zusammenarbeit mit Arbeitslosen hörte ich immer wieder, dass sich viele über das Absageschreiben geärgert haben. Es war zu standardisiert, zu ungenau, man konnte daraus nicht erkennen, was man falsch gemacht hat, usw. Dazu möchte ich etwas erläutern:

In der Zeit, als ich in einer Maschinenbau-Firma gearbeitet habe, gehörte das Schreiben von Absagen auch zu meiner Aufgabe, als für mich eine Nachfolgerin gesucht wurde. Meine Tätigkeit war damals so umfangreich, dass ich nicht selten erst nach zwölf bis vierzehn Stunden Arbeitszeit das Büro verließ. Und nun musste noch ein Stapel Bewerbungsunterlagen wieder zurückgeschickt werden. Mit Sicherheit erhielten auch diese Bewerber ein solches standardisiertes Absageschreiben, wie viele andere auch. Es war zeitlich einfach nicht möglich, sich über jeden einzelnen Gedanken zu machen. Wichtig war in erster Linie, dass diese Menschen ihre Unterlagen zurückbekommen, und zwar möglichst schnell, damit sie nicht so lange im Ungewissen bleiben.

Sehr oft habe ich auch bei kleineren Firmen mitbekommen, dass diese die Unterlagen sogar erst auf Verlangen zurückschicken. Also wenn du von einer Firma längere Zeit nichts hörst, dann ruf an und frag nach. Das Zurückschicken ist – wie gesagt – ein Zeitproblem und für viele, gerade in der heutigen Zeit, ein recht großer Kostenfaktor. Dieser soll minimiert werden, indem nur die Bewerbungen wieder zurückgehen, die ausdrücklich verlangt wurden.

Bitte nimm eine Absage nicht persönlich. Sehr oft stellte ich fest, dass Betroffene dies als persönliche Niederlage betrachteten. Aber das ist es nicht. Es kann die unterschiedlichsten Gründe dafür geben, weshalb es nicht geklappt hat. Deshalb Kopf hoch und weitermachen. Es klappt ganz bestimmt! Du musst nur Geduld haben und bei der Stange bleiben. Kopfschüttelnd höre ich die Klagen von Schülern und Lehrern, dass schon vier, fünf Bewerbungen geschrieben wurden, aber noch nichts geklappt hat. Dazu kann ich nur sagen, dass es bereits in meiner Jugend schwer war und unter fünfzig Bewerbungen gar nichts lief.

Bewerbungen schreiben kostet Geld. Und die Wenigsten wissen, dass die Kosten hierfür von der Bundesagentur für Arbeit bezuschusst werden. Deshalb empfehle ich dir, dich mit deinem Berufsberater in Verbindung zu setzen, damit er dir erklären kann, wo du überall finanziell unterstützt werden kannst.

Hilfe – eine Zusage!

Herzlichen Glückwunsch! Nun kann es losgehen. Der Ernst des Lebens beginnt. Gleichzeitig beginnt nun auch die Zeit der tausend Fragen. Was wird auf mich zukommen? Welche Kollegen habe ich? Was kann ich alles lernen? Wie werden die ersten Tage? Wann bekomme ich meinen Vertrag? Was ändert sich nun auch versicherungsrechtlich? Was muss ich beachten? Langsam, langsam, immer eines nach dem anderen.

Mit dem Zusageschreiben erhältst du vielleicht noch einmal einen Termin, zu dem du zum Unterscheiben des Ausbildungsvertrags in die Firma kommen sollst. Manche Firmen machen das aber auch erst am ersten Arbeitstag. Wenn du noch nicht volljährig bist, muss ein Elternteil mit unterschreiben, sonst darfst du die Ausbildung gar nicht machen.

Selbst in der Ausbildung gibt es eine Probezeit, Kündigungsfristen und -gründe. Aber keine Angst, unter normalen Umständen kündigt niemand vorschnell einen Lehrling, da sich die meisten Betriebe ihrer Verantwortung bewusst sind. Dennoch solltest du deinen Vertrag sorgfältig durchlesen, damit du weißt, was du unterschreibst.

Organisiere dich und schaue, was du in nächster Zeit noch erledigen musst. Sollte es noch ein Gang zum Friseur sein oder gibt es noch einen Arzttermin? Dann mache solche Sachen gleich, denn es kommt nicht gut an, gleich am Anfang nach einem Tag Urlaub zu fragen.

Was nun viel anstrengender werden kann, ist die mögliche Flut der Versicherungsvertreter, die ab jetzt ein gesteigertes Interesse an deiner Person haben. Denn mit dem ersten Tag des Geldverdienens bist du ein potentieller Kunde. Leider gibt es unter den Versicherungsvertretern auch viele Schlitzohren, die deine Unerfahrenheit ausnutzen und dir bereits in jungen Jahren eine Sterbeversicherung verkaufen wollen. Darum prüfe genau, ob der Vertrag sinnvoll ist und ob er zu deinem Vorhaben passt. Hier ein paar Anhaltspunkte, damit du die vielen guten Vorschläge besser abschätzen kannst:

Die Hausratversicherung ist ein Schutz für deinen – wie der Name schon sagt – Hausrat. Dieser Vertrag ist erst notwendig, wenn du deine eigene Wohnung hast. Solange du noch zu Hause wohnst, bist du über deine Eltern abgesichert.

Die Haftpflichtversicherung dient dazu, Schäden, die du gegenüber Dritten verursachst, abzudecken. Doch bis zur Vollendung des achtzehnten Lebensjahres bist du ebenfalls über deine Eltern mitversichert. Einen eigenen Vertrag brauchst du also erst, wenn du volljährig bist und für dich selbst haften musst. Hier noch ein Tipp: wenn du später mal mit deiner Freundin oder deinem Freund zusammenziehst, kannst du deinen Partner kostenlos in den Vertrag mit aufnehmen und ihr könnt einen Vertrag kündigen.

Die Vollkasko-Versicherung fürs Auto ist bei nicht mehr ganz neuen Wägen eine Ermessensfrage. Man kann, muss aber nicht. Hingegen wird sie vorgeschrieben, wenn du ein Fahrzeug least oder finanzierst. Bei Neuwagen ist sie sicherlich sinnvoll.

Die Kfz-Haftpflicht ist gesetzlich vorgeschrieben. Sobald du ein Auto anmeldest, ist sie Pflicht. Man kommt also nicht drum herum.

Anders bei der Teil-Kasko. Wenn das Auto schon dementsprechend alt ist, kann man sich überlegen, ob man sie ganz weglässt.

Bei einer Unfallversicherung musst du ganz genau hinschauen. Die Leistung wird in der Regel erst dann relevant, wenn nach einem Unfall ein Schaden zurückbleibt. Zum Beispiel du brichst dir den Arm und er bleibt steif. Dann wird nach mindestens einem Jahr, eher noch später, ein Gutachten erstellt, das bescheinigt, mit wie viel Prozent du gehandikapt bist. Diese Prozentzahl ist für die Versicherungsleistung maßgebend. Heilt der Arm allerdings vollständig, so dass kein Schaden zurückbleibt, gibt es von der Unfallversicherung gar nichts, obwohl du einen Unfall hattest. Außerdem schließen die Versicherungsvertreter gerne gleich 5-Jahres-Verträge ab, aus denen früher rauszukommen nahezu unmöglich ist. Allerdings gab es für diese langfristig bindenden Verträge ab 2008 eine Änderung.

Eine Rechtsschutzversicherung ist in der heutigen Zeit sicherlich eine Sache, die man sich überlegen kann. Allerdings gibt es hier auch verschiedene Bereiche, die abgesichert werden können. Wenn du einen solchen Vertrag abschließen willst, solltest du darauf achten, dass Arbeitsrecht und – für die eigene Wohnung später – auch ein Miet-Rechtsschutz abgeschlossen wird. Doch aufgepasst bei Verträgen mit Selbstbeteiligung! Bislang habe ich die Erfahrung gemacht, dass eine Beratung beim Anwalt weniger gekostet hat als die Selbstbeteiligung. Das hatte zur Folge, dass ich immer schön alles aus eigener Tasche gezahlt habe und die Versicherung nie in Anspruch genommen werden konnte.

Seit der Gesundheitsreform ist es der Renner, sich hier in allen möglichen Bereichen zusätzlich zu versichern. Es gibt Krankenhaustagegeld, Chefarztbehandlung, Naturheilverfahren, Zwei-Bett-Versicherungen, Vorsorge-Zusatzversicherungen usw. Es liegt im eigenen Ermessen, ob so eine Versicherung notwendig ist. Allerdings soll erwähnt sein, dass Zusatzversicherungen für Zahnersatz und Sehhilfen auch nur bis zu einem bestimmten Betrag erstatten. Das bedeutet, wenn du zum Beispiel eine neue Brille kaufst, die 500,- Euro kostet, kann es sein, dass eine Zusatzversicherung maximal 125,- Euro beisteuert. Deshalb lies die Verträge genau durch und rechne auch mal hoch, ob sich das eine oder andere überhaupt rentiert.

Das Lieblingskind war bis vor kurzem die Lebensversicherung als Absicherung für die Familie oder als Sparanlage. Seitdem der Ertrag versteuert werden muss, verliert sie mehr und mehr an Attraktivität. Mittlerweile ist sie eine der schlechtesten Anlagen, denn die tatsächliche Verzinsung liegt zwischen 3 – 6 % – je nach Gesellschaft. Wenn man die Inflationsrate mit berücksichtigt, die durchschnittlich bei 3 % liegt, dann geht die Rechnung nahezu plus/minus null auf.

Zur Familien- oder vielleicht auch als Kreditabsicherung könnte die Risiko-Versicherung eine günstige Alternative bieten. Hier gibt es unterschiedliche Vertrags-Varianten. Normalerweise ist es so, dass man das Risiko, also den Todesfall für die nächsten 25, 30 oder noch mehr Jahre, absichert. Dafür zahlt man jeden Monat einen bestimmten, relativ niedrigen Beitrag. Sollte der Risiko-Fall nicht eintreten, so ist das Geld weg. Es gibt aber auch Verträge, bei denen man trotzdem wieder einen Teil des Geldes zurückbekommen kann. Vergleichen lohnt sich.

Ein Bausparvertrag ist die denkbar schlechteste Sparform. Er hat in der Regel eine sehr niedrige Verzinsung und das Kapital ist zweckgebunden. Allzu beliebt ist er allerdings bei Versicherungsvertretern, da in der Ausbildung sehr häufig von den Arbeitgebern ein Zuschuss zu den vermögenswirksamen Leistungen gezahlt wird, die sogenannte Arbeitnehmer-Sparzulage. Doch diese kann man auch für andere Sparformen bekommen. Deshalb erkundige dich, wie du dein Geld anlegen kannst, damit es für dich stimmt – und nicht für den Versicherungsvertreter.

Trau dich ruhig, nein zu sagen. Du hast IMMER die Möglichkeit, noch einmal drüber zu schlafen und dir in Ruhe noch weitere Angebote einzuholen. Ach ja, und selbst wenn du überfahren wurdest und einen Vertrag abgeschlossen hast, weil du nicht anders konntest, so hast du IMMER ein 14-tägiges Widerrufsrecht. Bitte mach davon am besten schriftlich per Einschreiben Gebrauch, bevor du dich an sinnlose Verträge bindest, aus denen du danach nur sehr, sehr schwer wieder rauskommst – wenn überhaupt.

Hinterfrage kritisch, denn egal, ob Banken, Versicherungen oder andere, sie wollen natürlich alle nur dein Bestes: dein *Geld!*

An dieser Stelle soll diese kurze Übersicht genügen. Im Kapitel »Finanzen« findest du ausführlichere Informationen zu den Versicherungen und zu der Frage, was es vor einem Abschluss alles zu beachten gibt.

Es wird ernst

Der erste Arbeitstag naht und mit ihm auch die ganz große Aufregung, je näher die Stunde rückt. Ein bisschen Beruhigung verschaffst du dir dadurch, dass du dich rechtzeitig um den Weg zur Arbeit kümmerst. Prüfe vorher, welche Bahn fährt oder wie lange du morgens mit dem Fahrrad zur Firma brauchst. Berücksichtige dabei gleich die schwierigsten Bedingungen wie Hauptverkehrszeit, Regen oder Sonstiges und kalkuliere von vornherein lieber zehn Minuten mehr ein, denn es gibt nichts Peinlicheres, als schon am ersten Tag zu spät zu kommen.

Richte am Tag vorher schon deine Sachen her. Überprüfe deine Kleidung, die du anziehen möchtest, damit auch alles vorhanden ist und du nicht fünf Minuten vorm

Start mit dem Bügeln anfangen musst. Wenn alles so weit klar ist, dann kann eigentlich nichts mehr schief gehen.

Im Lehrbetrieb angekommen, gibt es sehr häufig erst einmal eine Betriebsführung. Fange dabei schon an, dir möglichst viele Namen der Leute zu merken, die dir vorgestellt werden. Bilde dir Eselsbrücken oder lege dir einen Spickzettel an, aber präge sie dir so schnell wie möglich ein. Seine Kollegen mit dem falschen Namen anzusprechen, kann auf den einen oder anderen schon beleidigend wirken.

Hab keine Angst vor Fehlern. Wenn du etwas nicht weißt, dann frage nach. Dafür bist du in der Ausbildung, um zu lernen und um Fehler zu machen, denn aus denen lernt man umso mehr. Doch nerv niemanden mit unnötigen Fragen. Überlege vorher, ob du vielleicht die eine oder andere Frage nicht schon selbst beantworten kannst.

Wenn einmal ein Fehler passiert ist, dann stehe dazu. Versuche nicht, dich rauszureden, denn das macht keinen guten Eindruck. Zu einer Persönlichkeit gehört es auch, zu seinen Fehlern stehen zu können. Außerdem hat Ehrlichkeit den Vorteil, dass dein Vorgesetzter oder Kollege weiß, dass es genauso stimmt, wenn dir ein Fehler in die Schuhe geschoben werden soll und du dich dagegen zur Wehr setzt.

Mir kann keiner was ...

Auch als Azubi hat man zunächst eine Probezeit zu bestehen. Deshalb halte den Ball flach und trumpfe nicht auf – vor allem nicht unqualifiziert. Zurückhaltung ist die Devise. Beobachte zuerst einmal, wie der Hase läuft.

Welche Regeln gelten im Büro? Wann werden Raucherpausen gemacht? Ist es gestattet, während der Arbeit zu essen? Darf am Arbeitsplatz Musik gehört werden? Wie werden private Telefonate gehandhabt? Wobei das ein Punkt ist, den du möglichst vermeiden solltest. Natürlich gibt es einmal Notfälle – da sagt auch niemand was. Aber ein Notfall ist es sicherlich nicht, wenn man sich für abends mit der Freundin verabredet oder sich den neuesten Klatsch und Tratsch durchgibt. Privatgespräche werden in keiner Firma gerne gesehen. Deshalb solltest du auch während der Arbeitszeit das Handy abstellen oder zumindest den Ton wegmachen.

Sei vorsichtig und stelle dich nicht mit den Rechten eines langjährigen Mitarbeiters auf eine Stufe. Wenn er sich gewisse Freiräume in den zwanzig Jahren Betriebszugehörigkeit herausgearbeitet hat, heißt das noch lange nicht, dass die ebenfalls für den Azubi gültig sind.

Verhalte dich auch gegenüber Büroklatsch- und tratsch neutral. Sich hier auf etwas einzulassen, ist extrem gefährlich. Zum einen bist du noch zu neu in der Firma, um dir ein vernünftiges Urteil zu einer Situation bilden zu können, und zum anderen bist du als Azubi das schwächste Glied in der Kette.

Solltest du in den ersten paar Tagen schon über vermeintliche Missstände stolpern, so behalte sie zunächst für dich. Es macht sich nicht gut, wenn ein neuer Mitarbeiter schon nach kürzester Zeit Kritik übt. Und als Azubi hat man dann noch mehr Spießrutenlaufen, wird unter Umständen belächelt und aufgezogen.

Scheue dich nicht vor stupiden Arbeiten. Kopierarbeiten, Ablage usw. sind Tätigkeiten, die gerne auf den Azubi übertragen werden. Ganz einfach deshalb, weil er der billigste Mitarbeiter in der Firma ist. Solange es nicht überhand nimmt und es nicht schon bald zu deinen Hauptaufgaben wird, ist dagegen auch nichts einzuwenden. Getreu dem Motto: »Jeder fängt mal klein an!«, was sich etwas abgedroschen anhören mag, aber diesen Ruf gar nicht verdient hat, denn ohne das eine funktioniert das andere nicht. Und jeder Weg im Leben beginnt mit dem ersten Schritt. Doch dazu komme ich im Kapitel »Lehrjahre sind keine Herrenjahre« noch mal zurück.

Noch ein ganz wichtiger Punkt, der mir immer wieder zu Ohren kommt: Bitte rede Kollegen und vor allem Vorgesetzte mit *Sie* an. Wenn jemand in deinem Alter im Betrieb ist, ist das noch mal was anderes. Aber ansonsten gilt es jede ältere Person mit *Sie* anzureden. Du machst dir kein Bild, wie das auf betroffene Personen wirkt und wie brüskiert sie reagieren. Vielleicht denken sich die jungen Leute nichts dabei, die zu kumpelhaft in einem neuen Betrieb auftreten, doch sie fallen alle mit dieser Unsitte durch ein Raster.

Grundsätzlich gilt, dass der Ältere dem Jüngeren das DU anbietet. Aber VORSICHT, VORSICHT, VORSICHT! Die allzu große Kameradschaft ist oft nur gespielt, gerade in der Anfangszeit. Es gibt nämlich auch Menschen, die »zu freundlich« sind. Vor denen muss man sich hüten, denn die hauen einen in null Komma nix in die Pfanne.

Deshalb wäge gut ab, bevor du jemandem gestattest, dich zu duzen. Du kannst es grundsätzlich ablehnen oder es auf später verschieben – selbst als jüngere Person. Und manchmal ist es einfach besser, zu seinem Gegenüber die entsprechende Distanz beizubehalten.

Denke immer daran, dass du mit allem, was du tust, wie du reagierst, redest usw., ein Bild von dir abgibst. Gerade in den ersten Tagen schauen die Unternehmer ganz besonders auf dich und wollen herausfinden, wie sehr sie sich auf dich verlassen können.

Mache dich unentbehrlich!

»Wie? Als Azubi – wie soll denn das gehen?«, fragen sich jetzt vielleicht viele. Aber bereits in der Zeit der Ausbildung kann man Marketing in eigener Sache betreiben.

Für die meisten Unternehmer sind die Mitarbeiter der größte Graus, die Dienst nach Vorschrift betreiben, ohne einmal über den Tellerrand hinauszuschauen. Die Arbeit wird verrichtet wie der sprichwörtliche Hund, den man zum Fressnapf tragen muss.

Deshalb nutze deine große Chance, von Anfang an deine Lernbereitschaft zu signalisieren. Zeige, dass du motiviert bist, etwas tun zu wollen, und nutze auch deine Freizeit, um dir Wissen, oder noch besser Fachwissen, anzueignen. Bedenke dabei immer, dass du es nicht für die Firma machst, sondern für dich und dein Leben – für deine bessere Zukunft.

Identifiziere dich mit dem Unternehmen und den Aufgaben, denn es ist ja dein Spezialgebiet: Die Wahl für diesen Beruf hast du für *dich* getroffen, denn es ist das, was dir gefällt, wo du dich aufgehoben fühlst und wo deine Fähigkeiten – sprich deine Kernkompetenz – liegt.

Zeige, was in dir steckt! Überzeuge deine Kollegen und deinen Chef davon, dass du neben den fachlichen Fähigkeiten auch über Kreativität, Teamfähigkeit, Kooperationsbereitschaft und Verhandlungsgeschick verfügst.

Versuche gleichzeitig, unternehmerisch zu denken. Wer die Gabe besitzt, sich in die Perspektive seines Vorgesetzten versetzen zu können, um seine Situation, seine Entscheidungen und auch seine Ängste und Nöte nachvollziehen zu können, wird sich nie mehr übersehen oder womöglich gar ausgebeutet fühlen. Zudem reflektierst du deine Einstellung, dein Verständnis in DEINEN Handlungen und schaffst damit einen weiteren Schritt, dich in der Firma unentbehrlich zu machen.

Schließlich geht es ja darum, dass du im Idealfall nach deiner Ausbildung in dem Unternehmen übernommen wirst. Auch wenn du Pläne zur Weiterentwicklung hast, so ist es um ein Vielfaches aussichtsreicher, sich mit BERUFSERFAHRUNG zu bewerben als unmittelbar nach der Lehre, wo diese noch komplett fehlt.

Umso wichtiger ist es dann, mit seinem Chef an einem Strang zu ziehen. Und der wichtigste Mensch im Unternehmen ist der Kunde! Bleibt der weg, kann der Laden schließen. Der Kunde bringt das Geld, von dem die Firma lebt. Davon werden Löhne bezahlt, Investitionen getätigt, Steuern abgeführt und vieles mehr, dessen sich die meisten Angestellten aber gar nicht bewusst sind. Das ist deine Chance! Handle kundenorientiert und beachte stets die Grundregeln der Höflichkeit.

Lehrjahre sind keine Herrenjahre

Mir ist aufgefallen, dass manche Jugendliche mit einer sehr interessanten Einstellung durchs Leben gehen. Nämlich mit der, dass alles *selbstverständlich* ist. Es ist selbstverständlich, dass Vater zum Arbeiten geht, dass immer was zu essen auf dem Tisch steht, dass andere für einen da sind, dass man Freunde hat, dass einem der Lehrmeister verschiedene Dinge zeigen muss, um nur ein paar Beispiele zu nennen.

Woher diese Einstellung kommt, konnte ich noch nicht rausfinden. Doch eins ist klar: Sie ist leider falsch! Im Leben ist NICHTS, aber auch GAR NICHTS selbstverständlich. Im Gegenteil: Alles ist ein hartes Stück Arbeit, und Sympathie, Zuneigung, Lob, Ruhm, Anerkennung, Erfolg, Wissen muss man sich erst verdienen bzw. aneignen.

Deshalb sind Lehrjahre keine Herrenjahre. Unzählige Male musste ich mir diesen Satz anhören. Während der Ausbildung ist er wohl der ständige Begleiter. Allerdings spendet er gleichzeitig auch ein bisschen Trost.

Zum einen geht es jedem Azubi ähnlich. Wie oft muss man sich Dinge sagen lassen, die einem teilweise die Sprache verschlagen. Wie oft kommt man sich ungerecht behandelt vor! Wie oft muss man Arbeiten verrichten, für die man sich eigentlich zu schade fühlt!

Andererseits ist es so, dass man sich später einmal wesentlich leichter tut, wenn man in der Ausbildung nicht in Watte gepackt wurde. Je umfangreicher das Arbeitsgebiet und je gradliniger der Ausbilder, desto besser ist man für später gewappnet.

Wenn du dich einmal ungerecht behandelt fühlst, dann riskiere bitte keine dicke Lippe, denn auch in der Lehrzeit gibt es die Möglichkeit, aus »persönlichen Gründen« gekündigt zu werden.

Eine Freundin hat mir mal erzählt, dass sie schwierige Situationen sportlich betrachtet – als Wettkampf bzw. Herausforderung. Und im Sport gibt es wohl noch die wahren Gentlemen. Der Sieger wird gefeiert, aber gleichzeitig schielt man auf den Verlierer, wie der wohl mit der Niederlage umgeht. Erwartet man nicht in dem Moment Souveränität und Fairness?

Das Gleiche spielt sich am Ausbildungsplatz ab. Lieber dreimal tief Luft holen, als einmal etwas zum falschen Zeitpunkt sagen, was man nicht mehr zurücknehmen kann. Oft sieht die Welt am nächsten Tag, wenn man darüber geschlafen hat, wieder ganz anders aus.

Allerdings rede ich hier nicht von massiven Problemen mit dem Arbeitgeber. Wenn die Ausbildungsverpflichtung seitens der Firma nicht erfüllt wird und du als Lehrling schikaniert wirst, dann ist das ein Fall für den Anwalt und ggf. fürs Arbeitsgericht.

Dennoch ist es auf jeden Fall der bessere Weg, zu sehen, dass man seine Ausbildung abschließen kann. Ein Wechsel zwischen den Lehrjahren ist extrem schwierig und kostet viel Zeit.

Geschafft – bestanden! Und nun?

Herzlichen Glückwunsch! Ein weiterer Baustein auf deinem Lebensweg. Nun liegt es an dir, was du daraus machen möchtest. Es ist nun fast alles möglich!

Worauf du nun achten solltest, sind deine Beziehungen, die du von deinem Arbeitsplatz aus aufbauen kannst. Nutze diese Gelegenheit, denn dort bist du in der idealen Umgebung: Du wirst gesehen, du kannst dich unter Beweis stellen und hast mit Menschen zu tun, die dich auf deinem Lebensweg weiterbringen können.

Das können schon Kleinigkeiten sein wie zum Beispiel, dass es bei XY gerade Arbeitskleidung im Angebot gibt oder Schnuppertage für das Squash-Center. Vielleicht suchst du gerade eine Wohnung, wobei dir deine Arbeitskollegen behilflich sein können, oder der Lieferant hat gerade eine Stelle frei, die dich wahnsinnig reizen würde.

Baue dir daher dein persönliches Beziehungs-Netzwerk auf. Zeige den Menschen um dich herum, dass du sie schätzt. Vermeide jegliche Form von Überheblichkeit und Geltungssucht. Bleibe dir jedoch selbst treu, denn dein Gegenüber stellt ziemlich schnell fest, wann ihm etwas vorgespielt wird.

Setze dir klare Ziele. Was möchtest du erreichen? Wenn du weißt, wo du einmal hin möchtest, schaffst du es, dich um die wichtigen Sachen zu kümmern und dich nicht an Kleinigkeiten aufzuhalten. Dadurch wirst du auch dein vorhandenes Potential entdecken und dich zum Problemlöser entwickeln. Dies sind nämlich die Leute, die in der Firma gesehen und befördert werden, nicht die Bangemacher.

Natürlich gehört zu einer Karriereleiter stets ein angemessenes Auftreten. Das fängt beim gepflegten Erscheinungsbild an. Dabei macht es einen Unterschied, ob jemand einen handwerklichen Beruf ausübt oder im kaufmännischen Bereich tätig ist. Dort gibt es noch ganz gravierende Merkmale für das Erscheinungsbild, gerade bei Frauen.

Zum angemessenen Auftreten zählt auch eine ordentliche Ausdrucksweise. Dabei wird nicht erwartet, dass alle perfekt Hochdeutsch reden. Doch wenn man zum Beispiel mit Menschen aus anderen Bundesländern zu tun hat, sollte man darauf achten, dass diese wenigstens eine Chance bekommen, zu verstehen, was man sagt.

Gleichfalls gehören zum angemessenen Auftreten gute Manieren. Höflichkeit und Freundlichkeit sind die Basisausstattung. Mit allem darüber hinaus kannst du dich schon von einer sehr breiten Masse abheben und den ersten Schritt in Richtung Einzigartigkeit setzen.

■ ■ ■ Finanzen

Das erste Konto

Das erste Giro-Konto ist ein großer Schritt in Richtung Erwachsenwerden. Deshalb kannst du dich hier schon einmal ausprobieren, wie das so ist, indem du sehr besonnen und verantwortungsbewusst für dich die richtige Wahl triffst.

Mit dem ersten selbst verdienten Geld kommt man um ein eigenes Konto nicht mehr herum. Es gibt kaum eine Firma, die heutzutage Lohn noch bar auszahlt, egal ob es sich um den Verdienst eines Ferienjobs handelt oder um die erste Ausbildungsvergütung. Doch nun heißt es Augen und Ohren auf, denn es gibt gravierende Unterschiede bei den Konten-Modellen der Banken, nicht zuletzt bei den Kosten.

Grundsätzlich – ich möchte es gleich am Anfang erwähnen – kann man Banken frei wählen und später auch jederzeit wechseln. Letzteres geht im Normalfall recht unkompliziert, vorausgesetzt, dass das alte Konto nicht überzogen ist. In dem Fall muss man es natürlich erst einmal ausgleichen, um sich von seiner Bank verabschieden zu können. Aber darauf komme ich in einem späteren Kapitel noch etwas ausführlicher zu sprechen.

Im Zeitalter des Internets hat man noch mehr Möglichkeiten, Preise und Konditionen zu vergleichen und zu schauen, welches Angebot die Banken gerade für Schüler, Studenten, Auszubildende, sowie Grundwehr- und Zivildienstleistende bereithält.

In der Regel sind die Girokonten für diese Leute kostenlos, für Jugendliche unter achtzehn Jahren eigentlich immer. Für diesen heiß umkämpften Personenkreis halten die Banken noch so manche Schmankerl bereit, um sich für ihre Kunden von Morgen schon recht früh interessant zu machen.

Seit einiger Zeit gibt es sogar Zinsen auf das Guthaben eines Girokontos. Doch hier variieren die Banken zwischen 1 – 3 %. Deshalb vergleiche in aller Ruhe, es lohnt sich, darauf zu achten, in welcher Höhe das Guthaben verzinst wird. Manche setzen einen Betrag fest von ein paarhundert Euro, manche verzinsen das gesamte Guthaben bis in die Tausende.

Doch gleichzeitig würde sich ein Blick in die Tagesgeldkonto-Spalte rentieren, denn hier werden meist noch höhere Zinsen ausgeschüttet. Allerdings sollte das Tagesgeldkonto ebenfalls kostenlos sein, einschließlich der Überweisungen vom Girokonto und umgekehrt. Solltest du noch keine achtzehn Jahre alt sein, brauchst du das Einverständnis deiner Eltern.

Überprüfe am besten gleich noch die Laufzeit der Vergünstigungen. Es kann nämlich sein, dass mit dem Erreichen des achtzehnten Lebensjahrs plötzlich Kosten für das eine oder andere entstehen. Um hier keine böse Überraschung zu erleben, kannst du dich von Anfang an erkundigen, was wie viel kostet (zum Beispiel Überweisungen, Kontoauszüge, EC-Karte etc.), wenn du volljährig bist oder in einen festen Job kommst.

Wenn du dies in einem persönlichen Gespräch bei der Bank tust, dann bekommst du auch sofort einen Eindruck von der Qualität der Beratung. Achte darauf, wie viel Zeit man sich für dich nimmt und mit welcher Freundlichkeit du bedient wirst. Werden ausreichende Antworten auf deine Fragen gegeben oder hast du vielleicht bei einer anderen Bank mehr Informationen bekommen? Am besten, du lässt dir alles schriftlich geben, was nach einer seriösen Beratung kein Problem darstellt. Denn glaube mir: Aus eigener Erfahrung kann ich leider sagen, dass selbst junge Bankmitarbeiter schon sehr schnell an Gedächtnisverlust leiden und versuchen, einen über den Tisch zu ziehen, wenn sie meinen, man könne sich nicht wehren.

Zudem unterliegen sie meist einem sehr hohen Druck, denn sie haben jeden Monat ein Soll an Abschlüssen, Kontoeröffnungen etc. zu erfüllen. Erreichen sie das vorgegebene Ziel nicht, könnte das für den Mitarbeiter mittelfristig die Kündigung bedeuten. Daher gibt es einige »schwarze Schafe«, die dem Kunden, in dem Fall dir, nicht alles erzählen, um möglichst schnell zu einem Abschluss zu kommen.

Deshalb ist es wichtig, noch etwas Hintergrundwissen zu haben, zum Beispiel über die regelmäßigen Verkaufsschulungen, an denen das Personal in der Bank und auch Versicherungsvertreter teilnehmen müssen. Doch über die Verkaufstricks und die -psychologie erzähle ich im nächsten Kapitel ausführlich.

Zurück zum Girokonto: Wenn du noch keine achtzehn Jahre alt bist, bist du »eingeschränkt geschäftsfähig«. Das heißt, dass du für die meisten Vorgänge (zum Beispiel Kontoeröffnung, Dauerauftrag einrichten etc.) die Unterschrift deiner Eltern brauchst. Eine Kontoüberziehung ist zu dem Zeitpunkt noch nicht möglich. Allerdings werden die Angebote kommen, wenn du deinen achtzehnten Geburtstag gefeiert hast oder ein festes Arbeitsverhältnis bekommst.

ABER VORSICHT! Zu verlockend ist der Reiz, etwas mehr Geld ausgeben zu dürfen, als man hat. Doch steckt hier gleichzeitig der Trick der Banken dahinter, dich an sie zu binden, denn wenn man Schulden bei ihnen hat, verdienen sie Geld und dir ist es nur sehr schwer möglich, die Bank zu wechseln.

Gleichzeitig ist es extrem schwer, die Überziehung wieder zurückzuführen. Das kann Jahre dauern, da auf den Dispositionskredit auch sehr hohe Zinsen zu zahlen sind – höher als bei einem gewöhnlichen Kredit! Und für viele war dieser Schritt der erste in die Schuldenfalle.

Deshalb sei klüger als die anderen und lege als erstes jeden Monat einen schönen Betrag für dich zur Seite. Das geht nicht? Warum? Beim Bäcker oder Metzger zahlt man doch auch sofort und erwidert nicht, dass er erst dran kommt, wenn für ihn am Monatsende noch was übrig bleibt. Übrigens: So haben es viele gemacht, die heute ein richtig schönes wohlhabendes Leben führen!

Die wichtigsten Versicherungen und die Tricks der Vertreter

Es grenzt schon fast an Wahnsinn, zu hören, dass einer 80-jährigen Frau noch ein Bausparvertrag verkauft wurde. Diese Neuigkeit kam mir vor wenigen Monaten zu Ohren. Deshalb ist es umso wichtiger, sich selbst gut auszukennen und zu wissen, was man wann an Versicherungen braucht und was nicht, denn wie dieser Fall zeigt, kann man nicht immer auf die ehrliche und bedarfsgerechte Beratung des Versicherungsvertreters vertrauen.

Als ich damals in deiner Situation war und selbst vor dem »Einstieg ins Leben« stand, war ich blutiger Anfänger und wusste nicht mal den Unterschied zwischen einer Haftpflicht- und einer Hausratversicherung. Deshalb bewarb ich mich bei einem Versicherungsunternehmen und holte mir die wichtigsten Informationen gleich an der Front. Allerdings ging ich nach einem halben Jahr wieder, da ich diese Tätigkeit nicht mit meinem Gewissen vereinbaren konnte. Zu oft hörte ich während der Schulungen den Satz: Das dürfen Sie Ihren Kunden aber nicht wissen lassen und jenes auch nicht, sonst unterzeichnet er den Vertrag nicht.

Damit möchte ich jetzt nicht sagen, dass man immer übers Ohr gehauen wird. Nein! Doch um dies zu vermeiden, möchte ich einige Tipps und Hilfestellungen geben, damit du gleich erkennen kannst, wann dies der Fall sein könnte und wo Vorsicht geboten ist.

■ HAFTPFLICHTVERSICHERUNG

Sie hat den Zweck, dich für Schäden Dritten gegenüber abzusichern, und gibt es daher in verschiedenen Varianten (zum Beispiel private Haftpflicht, Kfz-Haftpflicht, Bauherren-Haftpflicht, Betriebs-Haftpflicht, Tierhalter-Haftpflicht, um nur einige zu nennen). Wenn du zum Beispiel bei einem Freund bist und ihm seine teure Anlage kaputtmachst, weil du gestolpert und ins Regal gestürzt bist, so kann die Haftpflichtversicherung dafür einspringen.

Allerdings übernimmt sie keine Deckung für geliehene Gegenstände. Also wenn du dir zum Beispiel den i-pod des Kumpels ausgeliehen hast und damit ist irgendwas passiert, so dass er nun nicht mehr läuft, musst du den Schaden aus eigener Tasche ersetzen. Dasselbe gilt bei Hilfsdiensten: Du hilfst einem Kumpel beim Umzug und dabei rutscht dir die Glasvitrine aus der Hand, weil sie doch zu schwer geworden ist, und geht zu Bruch, dann wird auch das die Versicherung nicht übernehmen. Das sind zwei Merkmale, die dir selten bei Vertragsabschluss gesagt werden. Und dann gibt es schon die erste böse Überraschung, wenn man so einen Schaden hat und die Versicherung ablehnt.

Die Haftpflicht gibt es in verschiedenen Varianten – dazu auf den nächsten Seiten einige Beispiele.

■ PRIVATE HAFTPFLICHT

Sie ist gleichzeitig die wichtigste Vesicherung überhaupt. Für diese Form gab es schon die Überlegung, sie gesetzlich vorzuschreiben, eben weil es sehr wichtig ist, dass man die hat. Ich habe schon erlebt, dass sich Vermieter von neuen Mietern den Versicherungsschein zeigen lassen, um sicherzugehen, dass mögliche Schäden im gemieteten Haus oder in der Mietwohnung abgesichert sind.

Die private Haftpflicht wird aber erst dann wichtig, wenn du deine eigene Adresse hast, also wenn du alleine in deine erste eigene Wohnung ziehst. Solange du zu Hause wohnst, bist du über deine Eltern mitversichert.

Hier ein Tipp: Sobald du eine Lebensgemeinschaft gründest, also dein Freund oder deine Freundin mit einzieht oder du zu ihm/ihr ziehst, muss nicht jeder einen eigenen Vertrag haben, denn du kannst deine Partner mitversichern bzw. sie dich. Das ist ein Anruf oder ein Schreiben an die Versicherung, um Bescheid zu geben und schon ist die Sache geritzt. Das spart Geld! Übrigens: Das ist auch bei der Rechtsschutzversicherung möglich und bei verschiedenen Unfallversicherungs-Modellen.

■ KFZ-HAFTPFLICHT

Sie deckt die Schäden ab, die du im Straßenverkehr anderen gegenüber mit deinem Fahrzeug verursachst. Wenn du zum Beispiel mit deinem Auto auf ein anderes drauffährst, ist der Schaden für den anderen über die Haftpflicht abgedeckt. Das Gleiche gilt auch, wenn du mit einem Mofa, Moped oder Motorrad unterwegs bist.

Diese Versicherung ist in Deutschland gesetzlich vor-geschrieben und somit kann man kein Fahrzeug anmel-den, wenn man nicht den Nachweis in Form der so ge-nannten Doppelkarte erbringt, dass man sich um den Versicherungsschutz gekümmert hat. Sie kommt also dann zum Tragen, sobald du ein Fahrzeug auf deinen Namen zulassen möchtest.

■ KASKO-VERSICHERUNG

Diese Versicherung gibt es als Voll- und Teilkasko. Sie hat die Aufgabe, deine eigenen Schäden am Fahrzeug bei einem selbstverschuldeten Unfall abzudecken. Sie kommt bei einem Unfall für die Schäden, die an deinem eigenen Auto entstanden sind, auf.

Die Vollkasko ist eine teilweise freiwillige Versiche-rung. Teilweise deshalb, weil es darauf ankommt, wie du das Auto kaufst. Also das heißt, ob du es finanzierst oder least. Die Leasing-Bank und genauso die Auto- bzw. Hausbank schreibt es vor, dass eine Vollkasko-Versiche-rung abgeschlossen werden muss, wenn sie das Geld für das Fahrzeug zur Verfügung stellt. Solltest du das Auto aber bar kaufen können, ist es deine Entscheidung, wie du das mit der Kasko handhaben möchtest.

Grundsätzlich rentiert es sich bei einem Neuwagen und einem neueren Wagen. Wird das Auto älter als, sagen wir mal, vier oder fünf Jahre, kann man abwägen, ob es sich noch rentiert, denn bei einem Totalschaden wird lediglich der Zeitwert (abzüglich der Selbstbeteiligung) angerechnet, aber niemals mehr der Neuwert.

Als Alternative hierfür wird dann gerne nur auf die Teilkasko zugegriffen, die in der Vollkasko automatisch enthalten ist. Sie deckt Schäden ab, die durch Einbruch, Explosion, Feuer, Diebstahl, Vandalismus, Wild und Unwetter (Hagel und Sturm) entstehen. Ebenso sind die Fenster des Autos versichert, wie zum Beispiel die Windschutzscheibe, wenn sich ein kleiner Stein des vorausfahrenden Wagens löst, gegen deine Windschutzscheibe fliegt und einen Sprung verursacht.

Die Teilkasko wird gerne mit Selbstbeteiligung angeboten. Hier gibt es verschiedene Stufen, die man sich beim Abschluss aussuchen kann. Die Selbstbeteiligung bedeutet, dass das der Betrag ist, den man bei einem Schadensfall aus eigener Tasche tragen muss.

Sollte das Auto schon etwas älter sein, so dass es sich kaum mehr rentieren würde, bei einem Schaden das Auto wieder zu richten, kann man die Kasko-Versicherung auch komplett weglassen. In vielen Fällen werden die Autos dann nur noch mit der Kfz-Haftpflicht versichert.

■ HAUSRAT-VERSICHERUNG

Diese Versicherung bezieht sich – wie der Name schon sagt – auf deinen Hausrat. Das heißt, wenn du deine eigene Wohnung hast, dann kannst du dein Mobiliar, Elektro-Geräte, Wertgegenstände, Fahrräder und Glas gegen Wasserschäden, Blitzeinschlag, Einbruch, Diebstahl, Vandalismus und Feuer versichern lassen.

Hier liegt es wieder in deinem Ermessen, ob du diese Versicherung abschließen willst oder nicht.

Allerdings bietet die Hausrat-Versicherung den Vorteil
– und das wissen die Wenigsten – dass du im Urlaub
ebenfalls gegen Einbruch und Diebstahl versichert bist.
Wenn dir zum Beispiel aus dem Auto oder dem Hotel-
zimmer deine teure Kamera gestohlen wird, ist das über
die Hausrat-Versicherung abgedeckt.

■ UNFALLVERSICHERUNG

Eine Unfallversicherung, die du privat abschließt, deckt
deine Freizeit ab. Hier sind Unfälle versichert wie zum
Beispiel ein Beinbruch beim nachmittäglichen Fussball-
Match mit deinen Freunden. Allerdings bleibt hier anzu-
merken, dass die Unfallversicherung nur für bleibende
Schäden zahlt. Wenn das Bein nach einiger Zeit wieder
voll hergestellt ist, dann kann es sein, dass die Versicherung gar nichts leistet.

Es bleibt dir überlassen, zu entscheiden, ob so eine
Versicherung notwendig ist. Doch möchte ich zu bedenken geben, dass hier gerne langfristige Verträge verkauft
werden, nämlich fünf- oder gar zehnjährige Verträge, die
dann auch bis dahin laufen. Anders verhält es sich bei
Verträgen, die ab 2008 geschlossen wurden. Das Versi-
cherungsvertragsrecht hat sich dahingehend geändert,
dass es nun nicht nur 5- und 10-Jahres-Verträge gibt,
sondern auch Verträge, die nur 3 Jahre laufen. Der Unterschied liegt nun auch darin, dass sie alle schon nach 3
Jahren gekündigt werden können.

Früher hat man sich eher dazu hinreißen lassen, einen
langfristigen Vertrag abzuschließen, da die Beiträge dafür
günstiger waren. Heute bleiben sie gleich, egal wie lange

der Vertrag läuft. Die langfristige Laufzeit dient einzig und allein dazu, den Kunden – in dem Fall dich – so lange wie möglich zu binden. Was aber nicht heißen soll, dass man mit dem Versicherungsvertreter oder der -agentin keinen Rabatt aushandeln kann. Das ist grundsätzlich IMMER möglich!

Es gibt fast keine Möglichkeit, den Vertrag vorher zu kündigen, wenn man ihn nicht mehr haben möchte. Einer der wenigen vorzeitigen Kündigungsgründe ist ein Schaden, was für die Unfallversicherung bedeutet, dass ein Unfall passiert sein muss. Das ist aber so eine Sache, denn wer hofft denn darauf, dass ihm etwas zustößt, nur um einen Versicherungsvertrag kündigen zu können?!?!

Die Unfallversicherung gibt es bei verschiedenen Gesellschaften auch als kapitalbildende Form. Das kann den Vertrag nur unnötig teuer machen und die Rendite ist in dieser Variante sehr niedrig. Deshalb vergleiche – wie immer –, rechne die Verträge durch – wie immer –, und entscheide in aller Ruhe!

■ RECHTSSCHUTZ-VERSICHERUNG

Diese Versicherung übernimmt die Kosten für Rechtsberatungen und Gerichtsverfahren, aber nicht in jedem Fall. Deshalb erkundige dich bitte VOR VERTRAGSABSCHLUSS ganz genau darüber, was in diesem Vertrag alles abgedeckt ist.

Es gibt verschiedene Gebiete und man muss jedes einzelne extra versichern. Hat man zum Beispiel einen Familienrechtschutz und Probleme mit dem Vermieter, wird die Rechtsschutzversicherung dafür nicht in Leistung treten, denn Miet-Streitigkeiten sind darin nicht mit abgedeckt. Dafür braucht man extra einen Miet-Rechtsschutz.

Die Rechtsschutzversicherung gibt es als Familien-, Miet- und Kfz-Rechtsschutz. Ob man diese Versicherung braucht, ist jedem selbst überlassen. Allerdings kann es sein, dass die Kosten für eine sich anbahnende Streitigkeit bereits anderweitig abgedeckt sind, denn in manchen Fällen kann sogar die private Haftpflicht herangezogen werden.

Gerne wird die Rechtsschutzversicherung als Paket verkauft. Dazu möchte ich noch zwei Anmerkungen machen.

Zum einen gibt es auch hier die Möglichkeit, eine Selbstbeteiligung zu vereinbaren, die sich meist um die 150 Euro bewegt. Man kann die Selbstbeteiligung natürlich auch höher setzen, aber das muss jeder für sich selbst entscheiden. Sollte man aber einmal Rat von einem Anwalt brauchen, kann man davon ausgehen, dass man die Beratung aus eigener Tasche zahlen wird, denn zum einen gibt es Anwälte mit sehr humanen Preisen, zum anderen treten viele Versicherungen nur dann in Kraft, wenn auch eine Aussicht auf Erfolg für dich besteht. Steht die Sache von vornherein so, dass du bei einem Prozess scheitern wirst, wird die Versicherung für deine juristische Unterstützung die Kosten nicht übernehmen.

Der nächste wichtige Punkt, den du auf jeden Fall überprüfen solltest, ist der:

Wie schon erwähnt, wird die Rechtsschutzversicherung nur allzu gerne im Paket verkauft. Das kann aber ganz schnell zur sogenannten Überversicherung führen – in zweierlei Hinsicht:

1. Du schließt in dem Moment eine Leistung mit ab, die du gar nicht brauchst (zum Beispiel Miet-Rechtsschutz, wenn du in deinem Eigenheim – zum Beispiel geerbtes Haus von der Oma oder wie auch immer – wohnst).
2. Du schließt etwas ab, das bereits durch einen anderen Vertrag versichert ist. Zum Beispiel ist der Kfz-Rechtsschutz möglicherweise schon durch die Mitgliedschaft eines Automobil-Clubs abgedeckt? Ist der Miet-Rechtsschutz notwendig, wenn du gleichzeitig Mitglied eines Mietervereins bist? Nicht immer! Und häufig überschneiden sich die Leistungen. Deshalb prüfe genau, was du schon abgeschlossen hast, und lass dir alles genau erklären. Es ist dein Geld!

Und wie schon weiter oben erwähnt: Auch bei der Rechtsschutzversicherung kann man seinen Lebensgefährten/seine Lebensgefährtin mitversichern. Es muss also nicht für jeden extra ein Vertrag abgeschlossen werden.

Noch etwas Grundsätzliches zum Thema Streiten: Vor einigen Jahren ist es richtig schick geworden, zu streiten und mit jemandem vor Gericht zu ziehen, da es gerade mit einer Rechtsschutzversicherung im Rücken recht einfach aussieht. Man ist ja schließlich versichert, also kann man jedem eine aufs Hirn hauen und muss sich nichts mehr gefallen lassen. Das ist grundsätzlich richtig. Doch möchte ich noch ein paar Dinge zu bedenken geben:

Bevor man leichtfertig einen Streit vom Zaun bricht, sollte man wissen, dass dieser nicht nur Geld kostet, sondern mindestens genauso viel Nerven und Zeit. Es ist eine Sache, die man ständig mit sich rumträgt, die einem schlaflose Nächte bereitet und Lebensqualität klaut.

Bei einem gerichtlichen Streit hat das letzte Wort IMMER der Richter. Du kannst dir zwar einen guten Anwalt suchen – schon allein das ist extrem schwierig und hängt von vielen Faktoren ab –, der eventuell gute Vorarbeit leistet. Bereits hier ist deine Mitwirkung von großer Bedeutung, denn der Anwalt kann ohne deine gute Zuarbeit keine vernünftige Arbeit machen.

Wichtig ist auch, wie bei allen anderen Situationen im Leben, wo Menschen aufeinandertreffen, dass die Chemie zwischen euch stimmt. Solltet ihr euch nicht »grün sein«, wäre es besser, einen anderen Anwalt zu suchen. Das geht aber mit einer Rechtsschutzversicherung, über die die Kosten gedeckt werden soll, eigentlich nicht. Nur in den allerextremsten Situationen ist es noch möglich, den Anwalt zu wechseln, wenn man eine Deckungszusage der Versicherung hat.

Gute Anwälte muss man wirklich suchen. Nicht viele arbeiten mit der Gewissenhaftigkeit, die du für deine Sache erwartest. Nicht jeder hat das Interesse, deine Angelegenheit zum Erfolg zu bringen. Leider habe ich es selbst schon erleben müssen, wie einen der eigene Anwalt ins offene Messer laufen ließ, und könnte allein über die verschiedenen Erfahrungen, die ich mit Anwälten gemacht habe, ein Buch schreiben.

Dann wiederum gibt es Anwälte, die gerne für ihre Mandanten mehr machen würden, da menschliche Schicksale davon abhängen, aber es eben einfach von Gesetzes wegen nicht können.

Deshalb überlege es dir sehr, sehr gut, ob du diesen Schritt tun willst. Es ist mit extrem viel Ärger verbunden, und ob unterm Strich das Ergebnis rauskommt, das du dir erhoffst, ist nicht sicher.

GRUNDSÄTZLICHES ZU DEN SACHVERSICHERUNGEN

Ein Versicherungsvertrag läuft in der Regel ein Jahr und verlängert sich automatisch um ein weiteres Jahr, wenn er nicht fristgerecht gekündigt wurde. Die reguläre Kündigungsfrist ist vier Wochen zum Vertragsende. Es gibt auch ein paar Sonderkündigungsgründe wie zum Beispiel unverhältnismäßig starke Beitragserhöhung bei der Kfz-Haftpflicht, die einem auch eine Kündigung zum Jahresende erlaubt.

Dies gilt allerdings nicht für mehrjährige Verträge, also für solche, die du bei Vertragsabschluss gleich für mehrere Jahre unterzeichnest, wie zum Beispiel die Unfallversicherung. So ein Vertrag kann tatsächlich erst mit Ablauf des LETZTEN Vertragsjahres gekündigt werden. Deshalb Vorsicht! Nicht voreilig unterschreiben, sondern erst gut durchlesen und überlegen.

Solltest du doch mal unbedacht unterzeichnet haben oder wirklich von einem Vertreter überrumpelt worden sein und einen Vertrag unterschrieben haben, den du gar nicht wolltest – ist nicht soooooo schlimm. Du hast IMMER ein 14-tägiges Widerrufsrecht.

Schreib das Unternehmen an und teile mit, dass du von dem Vertrag zurücktrittst. Dafür musst du noch nicht einmal Gründe angeben. Aber achte darauf, dass es in diesem Zeitraum ist (gezählt wird das ANKUNFTS-

DATUM deiner Post). Am besten schickst du den Brief per Einschreiben mit Rückschein, um einen Nachweis zu haben, dass du ordentlich gehandelt hast. Es gibt nämlich Schlaubis, die ansonsten deinen Brief gar nie erhalten haben oder ihn großzügig übersehen.

Ein weiterer Kündigungszeitpunkt ist, wenn du einen Schadensfall hast. Dann kannst du auch IMMER kündigen, selbst wenn der Schaden von der Versicherung nicht anerkannt wird. Mir ist es einmal so ergangen, als ich noch stolze Hundehalterin war. An einem Tag hatte das liebe Tier bei einem Freund, den wir besuchten, auf dem Teppich erbrochen und diesen ruiniert. Als ich das der Versicherung meldete, kam die Antwort, dass Exkremente des Tiers nicht versichert seien. Nur wenn der Hund zubeiße, würden sie dafür aufkommen. Ha, ha, das Tier war die Liebenswürdigkeit in Person. Das Einzige, was ich dann noch machen konnte, war, den Vertrag zu kündigen – und das ging problemlos.

Übrigens: Trau dich ruhig, Schadensfälle zu melden! Wenn dich dein Versicherungsvertreter, -betreuer oder -fachmann – oder wie auch immer er sich nennen mag – abwimmeln will, dann wende dich direkt an die Versicherung. (Auf jedem Versicherungsschein und jeder Rechnung steht die Adresse der Hauptstelle.) Das kann nämlich den Grund haben, dass er am Ende des Jahres für seine wenigen Schadensfälle, die er in seinem Gebiet hatte, eine Prämie von seinem Unternehmen bekommt. Das geht wieder mal zu Lasten des Kunden – sprich zu deinen –, denn du würdest den Schaden aus deiner Tasche begleichen und dein Vertreter streift sich die Kohle ein, weil er dich hat im Regen stehen lassen.

Noch ein kleiner Hinweis. Eine ganz besonders beliebte Zielgruppe für Versicherungsvertreter sind frisch Verheiratete. Gerade wenn es sich um Paare handelt, die erst nach der Hochzeit zusammenzuziehen, gibt es einiges bei den Versicherungen umzustellen. Gerade solche Sachen, wie ich sie schon erwähnt habe:

- Die Aufnahme des Partners/der Partnerin als mitversicherte Person in die Haftpflicht- und die Rechtsschutzversicherung, mitunter geht das auch bei der Unfallversicherung.

- Sobald zwei Haushalte zusammengelegt werden, ändert sich auch etwas bei der Hausrat-Versicherung. Deshalb sollte überprüft werden, ob die Werte noch stimmen und somit die Versicherungssumme.

- Aber das Hauptaugenmerk liegt ganz klar bei den kapitalbildenden Versicherungen wie zum Beispiel Lebens-, Risiko-, Renten-, Berufsunfähigkeits-Versicherung oder ggf. sogar Bausparverträgen.

An dieser Stelle möchte ich schon mal von vorne weg davor warnen, zu schnell eine kapitalbildende Versicherung aufzulösen. Zu gerne ist das Argument des Vertreters auf dem Tisch, dass der Vertrag nichts tauge, dass man zu wenig Geld bekomme und sein Angebot viel besser sei. Klar, er möchte ja was verkaufen. Aber welcher Schaden unterm Strich dem Kunden – in dem Fall dir – damit angerichtet wird, darüber schweigt man behutsam. Doch auf diesen Punkt komme ich im nächsten Kapitel noch ausführlich zu sprechen.

■ KAPITALBILDENDE VERSICHERUNGEN

Die Lebensversicherung als Sparanlage hat schon vor Jahren an Attraktivität verloren. Mittlerweile ist die Rendite zum Teil so niedrig, dass manches Tagesgeldkonto eine bessere Alternative wäre. Allerdings bietet das Tagesgeldkonto den Todesfall-Schutz nicht. Also ist es in diesem Bereich ganz besonders wichtig, genau zu überlegen, welchen Bedürfnissen man einen Vertrag anpassen möchte. Frage dich, ob du mit diesem Vertrag

- deine Altersvorsorge aufbauen möchtest
- Hinterbliebene absichern willst
- Steuern sparen möchtest
- eigene Absicherung treffen möchtest, wenn du selbst vielleicht nicht mehr arbeiten kannst
- eine gute Rendite damit erwirtschaften möchtest
- lang- oder kurzfristig Kapital anlegen willst
- Investitionen tätigen oder nur etwas absichern möchtest
- etc.

Danach richtet sich der Bedarf der Beratung. Und das musst du deinem Versicherungsvertreter erklären, damit er dir auch das richtige Produkt für deine Bedürfnisse anbieten kann. An dieser Stelle wird sich entscheiden, ob eine Lebens- oder Rentenversicherung für dich das Richtige ist oder ob es besser wäre, eine ganz andere Anlageform zu wählen. In der Zwischenzeit gibt es davon viele verschiedene Produkte, die weit interessanter sind als die herkömmliche Lebensversicherung.

Einen davon habe ich oben schon angesprochen. Das ist der, jedes bereits bestehende Produkt schlecht zu reden. »Oh, da hast du dir aber einen schlechten Vertrag aufschwatzen lassen«, ist so der übliche Spruch, um den Kunden erst einmal einzuschüchtern und ihm weiszumachen, dass er sowieso keine Ahnung hat und sich deshalb so richtig schön hat aufs Kreuz legen lassen. Auf gut deutsch heißt das auch: Du Depp hast sowieso keine Ahnung, deshalb halt jetzt die Klappe und sei froh, dass ich da bin.

Nachdem man bereits den ersten Rüffel bekommen hat, traut man sich ja auch kaum noch Fragen zu stellen, denn man hat ja bereits schon einmal »bewiesen«, dass man nichts weiß, und möchte sich nicht ein zweites Mal dermaßen blamieren.

Das endet in den meisten Fällen so, dass der Vertreter so nett und hilfsbereit ist, das Kündigungsschreiben für den bestehenden Vertrag auszuformulieren und selbst wegzuschicken. Natürlich! Denn nur so ist er auch sicher, dass der Vertrag tatsächlich gekündigt wird, damit die monatlichen Beiträge, die in die alte Versicherung liefen, frei werden für einen neuen – bei IHM! Denn das ist das Hauptgeschäft!

Mit den kapitalbildenden Verträgen verdienen diese Leute ihr Geld! Der Abschluss einer Sachversicherung bringt kaum mehr was ein. Einige Versicherungsgesellschaften zahlen ihren Leuten nicht einmal mehr die Provision pro Vertragsabschluss aus, sondern nur noch Pauschalen einmal im Jahr oder portionsweise pro Quartal.

Deshalb wird von den Gesellschaften auf ihre Mitarbeiter unendlich viel Druck ausgeübt, damit sie um jeden Preis Geschäfte schreiben. Und um jeden Preis heißt um jeden Preis, den aber letztlich DU zu zahlen hast. Denn nirgends ist auf die schnelle mehr Geld kaputt gemacht als bei der Kündigung einer kapitalbildenden Versicherung.

Die Beiträge, die du in den ersten paar Monaten oder vielleicht sogar das erste Jahr zahlst, gehen zunächst einmal an die Gesellschaft, um die Kosten zu decken. Darin enthalten sind die Provisionen des Vertreters und sonstige kalkulatorischen Posten. Wenn du in diesem Zeitraum kündigst, kannst du davon ausgehen, dass dein Geld komplett weg ist. Du wirst nichts mehr oder nicht großartig viel zurückbekommen. Deshalb lass dir erst mal für deinen Vertrag von der Gesellschaft, bei der er läuft, den Rückkaufswert ausrechnen. Dann siehst du ganz genau, wie viel Geld du in welchem Jahr kaputt machst.

Die viel bessere Lösung ist, den Vertrag stillzulegen, statt zu kündigen. Das ist mit einem kleinen Anschreiben an die Gesellschaft erledigt und du hast nicht alles verloren.

Dieses Wechsel-Spiel solltest du aber nicht allzu oft machen. Denn in der Regel ist es so, dass dir jeder Vertreter das gleiche erzählt. Wenn in ein paar Monaten oder Jahren der nächste vorbeikommt, wird er dir genau die gleiche Geschichte erzählen und versuchen, den nächsten Vertrag kaputt zu machen. Wenn du das ein paar Mal machst, hast du zwar in jungen Jahren sehr viel Geld gezahlt, aber im Alter kaum was davon, da durch den ewigen Wechsel nie richtig was zusammenkommen konnte.

Sei bitte auch vorsichtig bei der Dynamik. Dynamik bedeutet, dass sich der Beitrag jedes Jahr um so und so viel Prozent erhöht. Das können zwischen 2 und 5 % sein. Und jedes Jahr neu auf den bereits erhöhten Beitrag. Das gibt irgendwann eine recht ordentliche Höhe, die fast nicht mehr zu schaffen ist. Der Vertreter wird mit der Inflation argumentieren, die durch die Beitragsdynamik aufgefangen werden soll. Doch erhöht sich meist das eigene Einkommen nicht so schnell wie die Dynamik. Außerdem wirkt sie sich wiederum positiv auf der Verdienstabrechnung des Vertreters aus, denn für das Kreuz im Antrag bei der Dynamik gibt es etwas mehr Provision.

So, und nun erzähle ich dir ein bisschen was über die Verkaufspsychologie:

Der Vertreter klingelt. Du öffnest die Tür. Es folgt eine freundliche Begrüßung per Handschlag. Nun hast du schon mal die Möglichkeit, festzustellen, mit wem du es zu tun hast. Ist er fest, kurz und knackig oder hast du das Gefühl, dir hat jemand Glibbermasse in die Hand gelegt, die du festhalten musst, damit sie dir nicht durch die Finger gleitet, womöglich noch nasskalt und feucht?

Danach wird es einen Mairegen an Komplimenten geben, zum Beispiel wie toll die Wohnungseinrichtung ist, die du aber am nächsten Tag zum Sperrmüll bringen wolltest, oder wie nett Mutti in ihrem Kleid aussieht, obwohl er eine halbe Stunde zu früh kam und sie es nicht mehr geschafft hat, die Küchenschürze auszuziehen, um sich tatsächlich in Schale zu werfen.

Vielleicht folgen auch noch ein paar Höflichkeitsfloskeln, wenn du deinem Besuch einen Platz anbietest, indem er sich nach der Sitzordnung erkundigt. Wenn er ein guter Schüler war, wird er noch ein paar Fragen stellen, auf die du mit »ja« antworten wirst, wie zum Beispiel schönes Wetter heute, nicht wahr? *Ja!* Ist es nicht herrlich, bald in Urlaub fahren zu können oder bald Ferien zu haben? *Ja!* Zu Hause ist es doch am schönsten, ist es nicht so? *Ja!* Usw.

Das liegt nicht daran, dass er ein netter Mensch ist und sich wirklich Gedanken um dein Wohlergehen macht – das macht er sich in den seltensten Fällen –, sondern er kriegt das in den Verkaufsschulungen gelehrt, um eine positive Stimmung zu erzeugen und vielleicht auf die Art und Weise an Gesprächsaufhänger zu kommen. Er oder sie wird sich das Zimmer ganz genau anschauen, um mehr über dich zu erfahren.

Hängen zum Beispiel Bilder von einer Motorjacht an der Wand, dann ist das ein perfekter Aufhänger. »Hey, das ist aber ein tolles Hobby. Super!! Naja, aber das kostet ja auch richtig viel Geld. Doch da kann ich dir einen Weg aufzeigen, wie du in zehn Jahren so viel angespart hast, um dir so eine Jacht leisten zu können.« Und schon geht es los.

Manche Gesellschaften lassen sogar vor der Beratung Formulare ausfüllen, um ganz genau zu wissen, welcher Typ du bist. Ob du Wert auf Lifestyle legst oder eher gediegene Dinge liebst. Ob du ein Draufgänger bist und das Risiko nicht scheust oder nach Sicherheit strebst. Ob du ein Haus möchtest oder ein tolles Auto oder, oder, oder. Das sind alles wichtige Informationen, auf denen sie ihr Verkaufsgespräch aufbauen.

Wieder andere machen beim Ersttermin eine Analyse mit ihrem Kunden. Dabei geht es darum, dass die finanziellen Verhältnisse aufgedeckt werden. Wie hoch ist das Einkommen, welche Zahlungsverpflichtungen sind da (Miete, Auto, Ratenrückzahlungen etc.), wie viel wird jeden Monat gespart, auf welche Anlagen, welche Versicherungen sind bereits vorhanden, usw.

Das liefert dem Versicherungsvertreter zwei wichtige Informationen: Welche Versicherungen sind bereits abgeschlossen, welche Verträge fehlen noch? Und: Wie viel Geld steht noch für neue Kapital-Versicherungen zur Verfügung? Deshalb vorsichtig sein mit solchen Analyse-Angeboten, denn oft lassen sich das schon die Gesellschaften zahlen. Also auf gut Deutsch: Diese Analysen kosten bereits Geld.

Wenn er oder sie genügend über dich weiß, steigt er/sie ein in den Verkauf des Vertrages. Das beginnt in der Regel mit einem Thema, das als Problem dargestellt wird. Jedes Verkaufsgespräch beginnt mit der Problematisierung, denn der Kunde, DU, muss ja erkennen, dass er auch dieses Problem hat und ihm definitiv WAS FEHLT!

»Junge, wenn du jetzt mit deiner Ausbildung anfängst und in fünf Jahren deine eigene Wohnung haben möchtest, dann musst du sparen, sparen, sparen, um dir das alles auch einmal leisten zu können. Das willst du dir doch leisten können, oder?« Antwort: »Ja …«

»Super! Ich zeige dir nun einen Weg auf, wie du da am schnellsten hinkommst. Du sparst jeden Monat einen bestimmten Betrag und erzielst in fünf Jahren so und so viel. Nun, ist das nicht klasse? Dann kannst du dir eine schicke Einrichtung leisten UND hast dann noch Geld übrig für einen tollen Urlaub. Das ist doch eine tolle Sache, oder?«

»Ja ...«

»Und du möchtest doch einen tollen Urlaub und eine schicke Einrichtung, nicht wahr?«

»Ja, schon ...«

»Dann steht dem ja nichts mehr im Wege. Denn wenn du das nicht tust, musst du auf all die schönen Dinge verzichten. Und das möchtest du sicherlich nicht, oder? Denn wer will schon verzichten. Jeder will doch ein schönes Leben haben und sich etwas gönnen ...«

Es kann sein, dass er jetzt in einen regelrechten Monolog verfällt, da er nun den Schritt zur Antragsausfüllung schaffen und somit irgendwie an deine Unterschrift rankommen muss, und schon jetzt überlegt, wie er diese Hürde nehmen kann.

Ich habe hier nur ganz grob angedeutet, wie so ein Verkaufsgespräch aussehen kann. Allerdings gibt es eine eigene Sprache. Der Vertreter wird niemals sagen, dass du *zahlen* musst oder dass dich das so und so viel *kosten* wird. Nein, dafür werden Begriffe eingesetzt wie sparen, anlegen, investieren, usw. Alles andere sind Negativ-Formulierungen, die möglichst aus einem Verkaufsgespräch rausgehalten werden.

Er wird nun deine Daten abfragen wie Name, Geburtsdatum und Anschrift, Gesundheitsfragen etc., bis hin zum Unterschriftsfeld. Dort angekommen, wirst du eher aufgefordert, »ein Autogramm zu geben« oder so etwas Lässiges in der Art, als dass dich jemand gezielt anspricht, »den Vertrag zu unterzeichnen«.

Solltest du noch irgendwelche Fragen haben, wird er/sie versuchen, diese gekonnt zu beantworten. Sollten es Einwände deinerseits sein, wie zum Beispiel ich weiß gar nicht, ob ich mir das leisten kann, wirst du so was Ähnliches als Antwort kriegen wie: Was? Du bist dir das nicht wert? Oder wirfst du ein, dass du vor ein paar Tagen ein besseres Angebot bekommen hast, wird man auch hier versuchen, dieses zu zerpflücken und dir exakt die Schattenseiten aufzuzeigen.

Dein Gegenüber wird auf jeden Fall versuchen, noch zu diesem Zeitpunkt eine Unterschrift von dir zu bekommen. Solltest du sagen (wollen), dass du es dir noch überlegen möchtest, wird er/sie dir mit der Frage entgegenkommen, was du denn überlegen müsstest, ob es irgendwo noch Unklarheiten gibt oder ob du irgendetwas nicht verstanden hast.

Nun bist du gefragt! Keine Hemmungen, lass dir alles noch mal erklären, wenn etwas unklar ist. Und wenn du dir nicht sicher bist, dann LASS DIR DIE ZEIT, noch mal drüber zu schlafen. Für den Verkäufer ist das natürlich der »Todesstoß«, da er genau weiß, dass diese Zeit ggf. so viel Distanz schafft, dass du dich entschließt, alles abzusagen. In der Fachsprache redet man dann vom »abgekühlten Kontakt«. Aber denk dran: Es ist DEIN Geld, das du anlegst – und das will genau überlegt sein.

Die Verlockung durch falsche Freunde (Kredite, Urlaub, Katalog ...)

Schulden zu machen, wird einem in der heutigen Zeit richtig einfach gemacht. Tagtäglich stolpert man über irgendeine Verlockung und ertappt sich dabei, das eine oder andere Mal der Versuchung nicht widerstehen zu können. Da spricht ja auch grundsätzlich nichts dagegen, solange man den Überblick über seine Finanzen behält.

Früher, als alles nur bar bezahlt werden konnte, war es noch etwas einfacher. Doch das Zahlen mit der Karte nimmt manchmal schon die eine oder andere Hemmschwelle, da die Zahlung erfolgt, ohne Geld in der Hand zu haben. Das ist schon mal die erste Falle, schnell den Überblick zu verlieren. Wenn es »nur« darum geht, etwas mehr Geld ausgegeben zu haben, als man zunächst vorhatte, geht es noch. Aber wenn du mehr Geld ausgegeben hast, als du auf dem Konto hattest, kommt bereits der erste Dispo-Kredit zum Einsatz, den dir deine Bank freundlicherweise auf dem Kontoauszug angeboten hat.

Solange du noch nicht volljährig bist, ist es relativ schwierig, das Konto zu überziehen oder eine zu hohe Handy-Rechnung zu erreichen. Hier gibt es Limits. Viele Jungendliche in meinem Bekanntenkreis gehen auch sehr verantwortungsvoll mit dem Versenden von SMS oder Telefonaten um, gerade wenn es sich um eine Prepaid-Karte handelt. Doch die Kostenfresser liegen im Download von Klingeltönen, Spielen, Surfen über Handy etc.

Auch wenn du noch keine Verträge abschließen kannst, die eine monatliche Zahlungsverpflichtung beinhalten, so kannst du trotzdem Einmalzahlungen leisten. Und auch hier heißt es: Augen auf! Das Geld ist sehr, sehr schnell ausgegeben und kommt leider schwerer wieder rein, als es weg ist. Wenn du damit gewissenhaft umgehst, dann bist du eigentlich immer auf der sicheren Seite.

Sobald du den lang ersehnten achtzehnten Geburtstag vor dir hast, steigen auch die Ansprüche, die in diesem

Alter dann gleich richtig Geld kosten. Der nächste große Traum ist natürlich ein eigenes Auto. Das setzt aber voraus, dass man zunächst einmal den Führerschein macht, der mittlerweile so teuer geworden ist, dass man schon richtig Mühe hat, ihn sich zu diesem Zeitpunkt leisten zu können. Deshalb kann ich dir nur raten, schon sehr bald mit dem Sparen vom Taschengeld anzufangen oder dir einen Ferienjob zu suchen oder Lehrgeld zur Seite zu legen, statt den Führerschein auf Ratenzahlung zu machen. Wenn du in der Stadt lebst, ist dies vielleicht nicht das wichtigste, aber für Jugendliche auf dem Land ist der Führerschein ein absolutes Muss, denn sonst fehlt es komplett an Mobilität.

Wenn dies geschafft ist, kommt die große Stunde des Autokaufs. Sicherlich weißt du bis dahin, welcher dein Traumwagen ist. Doch stellt sich die Frage, ob der auch bezahlbar ist. Und das bezieht sich nicht unbedingt nur auf die Anschaffungskosten, die wohl noch am überschaubarsten sind. Deshalb erkundige dich gleichzeitig nach den Unterhaltskosten wie Spritverbrauch, Reparaturkosten, Versicherung, Kfz-Steuer usw. In vielen Fällen beginnt nämlich beim Auto schon die Schuldenfalle zuzuschnappen.

Vielleicht kann ich dir in dem Zusammenhang einen Rat mit auf den Weg geben: Profilieren kann man sich nicht über Äußerlichkeiten. Ein Auto ist letztlich ein Fortbewegungsmittel, gerade wenn du noch Fahranfänger bist. Da ist es wichtig, erst einmal Fahrpraxis zu erlangen, was vielleicht auch mal einen Kratzer am Auto mit sich bringt. Wie ärgerlich wäre es, wenn du deinen letzten

Cent in das Gefährt gesteckt hättest und es schon verschrammt wäre.

Allergrößte Vorsicht ist geboten bei Angeboten, wie sie derzeit viele Versandhäuser anbieten: Heute kaufen und in einem halben Jahr erst zahlen. Weißt du, was da passiert? Nach sechs Monaten denkt kein Mensch mehr daran, dass irgendwo eine Rechnung über ein paar hundert Euro liegt. Auch hier kann die Schuldenfalle ganz böse zuschnappen. Kommt noch dazu, dass auf dem Rechnungsbetrag Zinsen aufgeschlagen sind und deine gekauften Artikel dann sowieso teurer werden, als wenn du die Klamotten im Geschäft um die Ecke gekauft hättest.

Grundsätzlich kann ich dir sagen, dass Ratenzahlungen nur vereinbart werden sollten, wenn du genau weißt, dass du ein sicheres Einkommen in der Höhe hast, dass die Begleichung ohne Weiteres für die nächsten Monate möglich ist. Solltest du hier zweifeln, dann lass bitte die Finger weg von solchen Käufen. Du tust dir damit keinen Gefallen.

Zwischen Schulden und Schulden gibt es einen Unterschied. Es gibt die sogenannten aktiven und die passiven Schulden. Aktive Schulden sind Schulden, wo ein Gegenwert da ist, also sind es eigentlich keine echten Schulden, denn man hat dafür was gekauft wie zum Beispiel ein Haus. Passive Schulden – und das sind die richtig schlimmen Schulden, die, die einem das Leben richtig schwer machen und versauen können – sind Schulden, die für Ausgaben gemacht werden, also zum Beispiel ein Dispokredit (meistens nimmt man dafür einen Dispokredit), um sich was richtig Tolles zum Essen zu kaufen, um ins Kino gehen zu können, zu einem Konzert oder um davon in Urlaub fahren zu können.

Das Schlimme daran ist, dass die Dinge, für die man das Geld ausgibt, so ein kurzfristiges Vergnügen bringen, dass man gar nicht mehr weiß, was man mit dem Geld eigentlich gemacht hat, wenn man Jahre später noch an dem Kredit zahlt. Meistens freut sich dann die Bank darüber oder vielleicht noch irgendein Inkasso-Büro, denn das sind DIE Institutionen, die dann noch schön Geld an dir verdienen – DEIN Geld!

Rund fünfeinhalb Millionen Menschen sind in Deutschland verschuldet, weil sie in die Schuldenfalle getappt sind. Sei schlau genug, rechtzeitig auf dich aufzupassen, gewissenhaft mit deinem Geld umzugehen und darauf zu achten, dass dir nicht das gleiche Schicksal widerfährt, denn das Leben mit Schulden ist alles andere als angenehm.

Ups, Rechnung nicht bezahlt

Es kann immer mal passieren, dass man eine Rechnung vergisst und nicht rechtzeitig bezahlt. Das ist im Normalfall auch kein Problem, wenn man es noch früh genug feststellt. Selbst wenn bis dahin eine Mahnung ins Haus flattert, ist es immer noch nicht so schlimm.

Beklemmend wird es spätestens dann, wenn man feststellen muss, dass man die Rechnung gar nicht zahlen KANN! Für viele ist es eine höchst unangenehme Situation und sie spielen dann Verstecken. Nur nicht gesehen werden, nur nicht auffallen, sich nur nicht irgendwie in

Erinnerung rufen, um vielleicht noch schlafende Hunde zu wecken.

Die Gefühle sind absolut verständlich, aber bringen tun sie dir rein gar nichts. Im Gegenteil: Der Gläubiger (das ist derjenige, der die Rechnung an dich geschrieben hat) wird dadurch nur verärgert, und aus meiner Praxiserfahrung weiß ich, dass sich IMMER Menschen mit Herz dahinter verbergen. Mit denen kann man reden, und eigentlich warten sie nur darauf, wenigstens Bescheid zu bekommen. Es sei denn, du hast dich auf dubiose Geschäfte eingelassen. Dann sieht es anders aus.

Deshalb fasse dir ein Herz und klemme dich (wenigstens) ans Telefon. Gib der Firma Bescheid, dass du im Moment nicht in der Lage bist, die Rechnung zu zahlen, und frage nach, wie sie sich einen Lösungsvorschlag vorstellen könnten. Meistens wird dir dann eine niedrige Ratenzahlung angeboten und freundlich nachgefragt, ob das so machbar wäre oder lieber noch etwas niedriger. Denn auch der Gläubiger möchte eine Regelung, die umsetzbar ist.

Und vor allem – was er NICHT möchte, ist, angelogen zu werden. Daher sei *ehrlich* und *mutig* genug, die Wahrheit zu sagen bzw. eine Ratenhöhe zu vereinbaren, die du wirklich bewältigen kannst. Alles andere nützt niemandem etwas.

Handle schnell – denn mit jedem Tag, den du diese unliebsame Aufgabe vor dir herschiebst, könnte es zu spät sein. In dem Moment, wo der Gläubiger nichts von dir hört, schürst du eigentlich nur seinen Groll. Durch dein Schweigen lässt du ihn auch vollkommen in Ungewissheit, und ihm bleibt bald nur noch die eine Möglichkeit: ein Mahnverfahren gegen dich einzuleiten. Die Kosten, die dadurch entstehen, gehen ALLE zu deinen Lasten!

Somit machst du aus Übel Ärger, und das kann richtig teuer werden. Ganz schnell können so aus einer Rechnung von 100 Euro 200 oder 300 Euro Zahlungsverpflichtung werden, wenn die Zinsen, Mahngebühren, Gerichtskosten, Anwaltskosten etc. hinzugerechnet werden.

Wenn du selbst den Mut und die Überwindung gar nicht aufbringen kannst – generell ist es leichter, für andere zu verhandeln als für einen selbst –, dann schaue doch mal, ob du eine Person deines Vertrauens findest, die das für dich machen kann. Oder wähle den Weg der Schriftform. Wenn es eine E-Mail-Adresse gibt, dann formuliere eine höfliche E-Mail oder wende dich mit einem Brief an die Firma. Du wirst dann ebenfalls schriftlich Bescheid bekommen und hast so auf jeden Fall etwas in der Hand.

Und wenn du deine Verhandlung telefonisch führst, dann verlange auf jeden Fall für eure Vereinbarung eine schriftliche Bestätigung! Im Normalfall kommt jede Firma deiner Bitte gerne nach.

Die Ohnmacht

Was eigentlich in so einer Situation der allerschlimmste Feind ist, ist die Ohnmacht, deine Ohnmacht! Das Ignorieren und Verdrängen und in vielen Fällen die Hilflosigkeit, die man in so einer Situation verspürt. In der Zeit, als ich mit meinem damaligen Freund um seine finanzielle Unabhängigkeit kämpfte, konnte ich aus nächster Nähe miterleben, wie ohnmächtig er war.

Auch aus der Praxis meiner Anwälte bekam ich bestätigt, dass nicht die unbezahlte Rechnung das Problem ist, sondern die Ohnmacht ihrer Mandanten, sich um die Angelegenheit zu kümmern. Also zunächst einmal die Post zu öffnen und die Fristen einzuhalten, gerade wenn die Schreiben bereits vom Gericht kommen.

Leider habe ich in meinem Freundeskreis einmal miterleben müssen, dass eine Forderung rechtskräftig wurde, NUR WEIL NICHT RECHTZEITIG WIDERSPROCHEN WURDE. Die Forderung als solche wäre gar nicht gerechtfertigt gewesen und so muss nun der Schuldner einen Betrag von 12.000 Euro (!!!!) zurückzahlen, einzig und allein deshalb, weil er nicht rechtzeitig widersprochen hat.

Deshalb kann ich es nicht oft genug erwähnen und dich ermutigen, die Post auch zu öffnen und beherzt an die Sache ranzugehen. Jetzt ist noch ein Zeitpunkt, wo alles nicht so schlimm ist, auch wenn man schon seine Felle davonschwimmen sieht.

Aber glaube mir: Gefühle wie Angst, sich zu schämen oder sich vielleicht als Versager oder, noch viel schlimmer, als Mensch zweiter Klasse zu fühlen, sind absolut übertrieben.

In Deutschland gibt es, wie bereits erwähnt, über fünf Millionen Menschen, denen es genauso geht. Vielen sieht man es nicht an und würde es gerade bei dem einen oder anderen niemals für möglich halten. Doch gibt es immer mehr »Fallen«, in die man stolpern kann.

Deshalb: Ärmel hochkrempeln und die Sache regeln. Das ist ein weiterer Schritt zum Erwachsenwerden und auch ein Grund, mächtig stolz auf sich zu sein, wenn es geschafft ist!

Mahn- und Vollstreckungsbescheid

GERICHTLICHER MAHNBESCHEID – GELBE KARTE

Genauso wie man jede eingehende Rechnung prüfen muss, ob sie stimmt, ob sie gerechtfertigt ist, ob sie in der vereinbarten Höhe ist, mit dem richtigen Zahlungsziel, ob die angerechneten Artikel stimmen usw., muss man dies auch bei einem Mahnbescheid tun. Kontrolliere, ob er tatsächlich richtig ist, das heißt ob du wirklich in der Pflicht bist, zu zahlen (vielleicht bist du noch gar nicht volljährig, um dieser Pflicht nachkommen zu müssen ...), ob die Forderung nicht vielleicht schon verjährt ist, ob die Zinsen zu hoch angerechnet sind oder ob die Rechnung nicht sogar schon vor langer Zeit bezahlt wurde.

Einen Mahnbescheid erhält man vom Gericht, wobei dort zu diesem Zeitpunkt nicht geprüft wird, ob er gerechtfertigt ist oder nicht, wie der Sachverhalt ist usw. Das Gericht prüft lediglich, ob die Formalitäten in Ordnung sind und ob die Firma die Gerichtsgebühren bezahlt hat. Diese muss der Antragsteller zahlen, wird sie aber seinem Schuldner anrechnen.

Einen Mahnbescheid zu erstellen, ist alleine Sache des Gläubigers. Im Zeitalter des Internets kann man dies sogar schon online machen, so dass man von zu Hause aus schnell mal einen gerichtlichen Mahnbescheid eröffnet.

Diesen Schritt unternimmt der Gläubiger in der Regel erst dann, wenn du deinen Zahlungsverpflichtungen nicht nachkommst oder er der Meinung ist, dass sich niemand zur Wehr setzt. Solltest du mit ihm vorher eine Ratenzahlung vereinbart haben und du hältst dich dran, wird nichts passieren. Schlimm wird es erst dann, wenn du der Vereinbarung nicht nachkommst – wie schon erwähnt – oder erst gar keinen Kontakt mit ihm aufnimmst.

Dann kommt irgendwann Post vom Amtsgericht in einem gelben Umschlag. Es sind zwei Seiten: einmal der Mahnbescheid und auf der anderen Seite ist ein Formular für den Widerspruch. Ist der Mahnbescheid deiner Meinung nach ungerechtfertigt, dann kannst du INNERHALB VON VIERZEHN TAGEN Widerspruch einlegen. Das solltest du am besten SOFORT tun, denn anschließend wird es immer schwieriger, aus der Sache rauszukommen, auch wenn sie nicht korrekt ist.

GANZ WICHTIG: Den Widerspruch IMMER ans AMTSGERICHT zurückschicken! Niemals an den Gläubiger, denn dann läuft das Verfahren weiter, als hättest du nie etwas unternommen. Kopiere den Widerspruch am besten noch, bevor du ihn losschickst, damit du für deine Unterlagen einen Nachweis hast.

Als ich noch zur Schule ging, haben wir gelernt, dass nach einer nicht gezahlten Rechnung erst dreimal gemahnt werden muss, um einen gerichtlichen Mahnbescheid beantragen zu können. Doch das stimmt nicht. Im Prinzip kann eine Firma den Gang zum Gericht bereits nach Ablauf des Zahlungsziels auf der Rechnung tun.

Doch die meisten schicken tatsächlich erst einmal eine Zahlungserinnerung, manche sind gutmütiger und schikken noch eine zweite und dritte, dann mit Androhung des gerichtlichen Mahnverfahrens.

Doch mit jedem Schreiben wird die Sache für dich teurer. Auf jeder Mahnung sind in der Regel bereits Mahngebühren enthalten. Wenn es dann tatsächlich zum Mahnbescheid kommt, sind darin auch die Gerichtsgebühren, die die Firma bereits gezahlt hat, um den Weg übers Gericht gehen zu können, enthalten. Hinzu kommen Zinsen und, wenn es ganz schlimm kommt, noch Anwaltsgebühren, da die Firma die Angelegenheit an einen Juristen übergeben hat.

Nun, wenn es dir nicht möglich war, die eigentliche Rechnung über 100 Euro zu zahlen, wie sollst du es nun schaffen, den Betrag auf dem Mahnbescheid von inzwischen 170 Euro zu zahlen?

Du hast IMMER die Möglichkeit, eine Ratenzahlung oder einen Vergleich zu vereinbaren. Doch darauf komme ich in dem entsprechenden Kapitel ausführlich zu sprechen.

VOLLSTRECKUNGSBESCHEID – ROTE KARTE!

Dieser Schritt wird vom Gläubiger getan, um sich einen Titel zu beschaffen. Ein Titel bedeutet, dass er dann mehrere Möglichkeiten hat, wieder an sein Geld zu kommen, denn durch den Titel sind Zwangsmaßnahmen (Zwangsvollstreckungen) erlaubt, zum Beispiel Pfändungen, Lohnabtretung etc.

Der Vollstreckungsbescheid kann bereits vierzehn Tage nach dem Mahnbescheid erstellt werden und wird gerne persönlich durch den Gerichtsvollzieher überbracht. Was tun, wenn dieser vor der Tür steht? Das Problem ist, dass man zunächst gar nicht weiß, wer er ist, wenn er das erste Mal klingelt. Sollte man jedoch wissen, wer vor der Tür steht, muss man nicht öffnen.

Allerdings darf der Gerichtsvollzieher nach zwei erfolglosen Besuchen die Türe offnen lassen. Dann wird er mit dem Schlüsseldienst und eventuell der Polizei kommen, um sich für seine sogenannte Durchsuchungsanordnung, die er sich in der Zwischenzeit bei Gericht besorgt hat, Zutritt zu deiner Wohnung zu verschaffen.

Das könnte dann – abgesehen von der höchst unangenehmen Situation – Mehrkosten für dich bedeuten und würde alles unnötig kompliziert machen, wenn du in einer Lebens- oder Wohngemeinschaft lebst und der Gerichtsvollzieher nicht erkennen kann, welches deine Sachen sind und was dir nicht gehört.

Doch keine Angst. Auch wenn sich alles sehr dramatisch anhört, die Gerichtsvollzieher sind meist sehr nette Menschen, die Verständnis für die Situation zeigen. Man kann mit ihnen reden und meistens geben sie sogar Tipps, welche Möglichkeiten man noch hat, um das Allerschlimmste zu verhindern.

Man kann sich selbst mit einem Gerichtsvollzieher arrangieren, doch auch hier gilt: Absolute Verbindlichkeit dem gegebenen Wort gegenüber, das heißt halte dich an das, was du versprochen hast, und erledige das nach besten Wissen und Gewissen PÜNKTLICH! Zuverlässigkeit und Verbindlichkeit sind das A und O in dieser Situation!

So kannst du selbst zu diesem Zeitpunkt eine Raten-zahlung anbieten. Die kann sehr niedrig sein. Niemand erwartet von jemandem, der in so eine Lage kam, dass er extrem hohe Raten zahlen kann. Aber wie gesagt, die einzige Chance ist dann noch, die Raten absolut pünktlich und regelmäßig zu zahlen. Sonst hängt dein Kopf wirk-lich in der Schlinge und es drohen Pfändungen von Ge-genständen, Bargeld oder Lohnpfändungen bis hin zum Haftbefehl.

Titel – und kein Geld – bedeutet: Jetzt ist Schluss mit lustig

Ein »Titel« ist der Vollsteckungsbescheid und hat 30 Jah-re Gültigkeit, das heißt, die Firma, bei der du die Rech-nung nicht gezahlt hast, hat nun 30 Jahre lang die Mög-lichkeit, zu versuchen, an ihr Geld zu kommen. Und nicht nur das.

Auf dem Vollstreckungsbescheid sind zu dem eigentli-chen Rechnungsbetrag und dem vorausgegangenen Mahnbescheid bereits wieder Kosten hinzugekommen. Das sind auf jeden Fall mal die Gerichtskosten, evtl. An-waltkosten, Auslagen, Zinsen, Mahngebühren usw. Viel-leicht hat sich der Betrag in der Zwischenzeit sogar schon verdoppelt.

Wenn die Forderung in den nächsten Jahren nicht be-glichen wird, erhöht sich der Betrag um ein Vielfaches durch Zins und Zinseszins. Es kann sein, dass dann aus 100 Euro nach den Jahren 2000 Euro werden. Deshalb sieh zu, dass du die Sache schnellstmöglich vom Tisch bekommst.

Hast du Wertgegenstände, die gepfändet werden können? Dazu gehören zum Beispiel Videorekorder, Videokamera, DVD-Player oder -Rekorder, Handy, Hifi-Anlage, also all die Dinge, für die der Gerichtsvollzieher bei einer Versteigerung noch etwas bekommt. Der Erlös wird dann von der Hauptforderung abgezogen.

Aufpassen! Manchmal machen Gerichtsvollzieher auch eine sogenannte Taschenpfändung. Das bedeutet, dass du all das Bargeld, das du in dem Moment in der Tasche hast, vorlegen musst und dass dieses gepfändet wird.

Wenn allerdings gar nichts bei dir zu pfänden ist, dann wird der nächste Schritt sein, eine eidesstattliche Versicherung abzulegen.

Eidesstattliche Versicherung: ein schwerer Klotz am Bein

In den meisten Fällen gibt dir der Gerichtsvollzieher mit seinem Besuch gleich einen Termin an, wann du dich bei ihm im Büro einfinden sollst. Dieser Termin dient der Abgabe einer sogenannten »eidesstattlichen Versicherung«, auch bekannt unter dem Begriff »Offenbarungseid«.

Wenn er dich nicht antrifft, wird dir der Termin in den nächsten Tagen zugestellt. Solltest du zu diesem Zeitpunkt nicht können, dann kümmere dich unverzüglich um einen neuen Termin. Denn wenn du, ohne dich zu melden, nicht erscheinst, kannst du per Haftbefehl geholt und zur Abgabe gezwungen werden.

Die eidesstattliche Versicherung ist die öffentliche Erklärung, dass beim Schuldner nichts mehr gepfändet werden kann. Diese Offenbarung wird im Schuldnerverzeichnis eingetragen und in der Schufa.

Aber keine Sorge, kaum eine Privatperson schaut im Schuldnerverzeichnis nach, wer alles eine eidesstattliche Versicherung abgegeben hat. Dies taucht auch in keinem Führungszeugnis auf und steht auch nicht in der Zeitung.

Zunächst hat man auch ein bisschen Ruhe vor den Gläubigern, da die Abgabe der eidesstattlichen Versicherung drei Jahre gültig ist. Danach wird erneut geprüft, ob sich an den Vermögensverhältnissen etwas verändert hat. Wenn nicht, kann man wieder eine Erklärung abgeben, die dann weitere drei Jahre gilt.

Hüte dich jedoch davor, Falschangaben zu machen. Wenn das rauskommt, bleibt das nicht ohne Konsequenzen und kann bedeuten, dass dir dann auch noch ein Strafverfahren ins Haus steht.

Trotzdem heißt das nicht, dass man sich auf die »faule Haut« legen sollte. Da die Kosten, die auf die Hauptforderung gepackt werden, quasi jeden Tag mehr werden, solltest du dennoch so schnell wie möglich die Sache erledigen bzw. begleichen.

Wie? Das erzähle ich in den nächsten Kapiteln.

Außerdem kann die Abgabe einer eidesstattlichen Versicherung ein Stolperstein sein, wenn du gerade einen neuen Job oder gar einen Ausbildungsplatz suchst. Gerne lassen die Firmen Personalfragebögen ausfüllen, die die

Frage enthalten, ob man eine eidesstattliche Versicherung abgegeben hat.

Das hat den Hintergrund, dass sie mögliche Lohnpfändungen befürchten, was in einem kleineren Betrieb einen Mehraufwand für die Buchhaltung bedeuten würde. Gleichzeitig könnte es sein, dass dieser Betrieb mit solchen Anforderungen keine Erfahrung hat und sie somit auch scheut. Wenn du eine eidesstattliche Versicherung ablegen musstest, ist das kein Kündigungsgrund, ABER es kann eine Neueinstellung verhindern!

SCHUFA – und die Wellen

Was die Abgabe einer eidesstattlichen Versicherung mit sich bringt, ist ein Eintrag in die SCHUFA. Allerdings wird hier sogar schon vermerkt, wenn ein Kredit nicht zurückgezahlt wird oder Handy-Rechnungen nicht beglichen werden oder Rechnungen von einem Versandhaus offen geblieben sind.

Der Schufa-Eintrag kommt also schon viel früher und stellt tatsächlich eine Behinderung dar. Viele Sachen sind dann zunächst nicht mehr möglich, wie zum Beispiel einen Kredit bei einer SERIÖSEN Bank zu bekommen, einen neuen Handy-Vertrag abzuschließen, usw.

Selbst beim Besichtigen einer neuen Wohnung fragen Vermieter heutzutage schon nach einer Schufa-Auskunft, oder bei der Anmeldung in Internet-Auktionen stolpert man drüber. Vereinzelt rufen selbst Versicherungsgesellschaften bei Vertragsabschluss Schufa-Auskünfte ab. Das kann dann sogar Auswirkungen auf deine Altersvorsorge haben.

Mit einem negativen Eintrag legt man sich tatsächlich einen Strick um den Fuß. Das Leben in dieser Zeit ist sehr anstrengend und unbequem und ruft in den meisten Fällen bei den Betroffenen das Gefühl ein »Mensch zweiter Klasse« zu sein, hervor.

Deshalb gilt als alleroberstes Prinzip, erst gar nicht in so eine Situation zu kommen und verantwortungsbewusst mit seinen Finanzen umzugehen. Wenn man dann doch mal drinsteckt, dann gilt es, zu schauen, dass man so schnell wie möglich wieder rauskommt. Und es gibt Möglichkeiten ...

So kommt wieder Land in Sicht

Verschaffe dir zunächst einmal einen Überblick. Das heißt, dass du deine Post öffnest, um zu erfahren, was überhaupt alles anfällt.

Wenn in der Zwischenzeit eine eidesstattliche Versicherung abgegeben wurde, schreibe deine Gläubiger an und setze sie davon in Kenntnis. Dabei geht es auch darum, dass sie bei weiteren Zwangsvollstreckungsversuchen für dich keine Kosten mehr in Rechnung stellen dürfen.

Sollten es mehrere Gläubiger sein, die von dir Geld bekommen, gilt hier: Wer zuerst kommt, mahlt zuerst. Es wird erst der eine, dann der nächste bedient. Lass dich auf keinen Fall einschüchtern. Vielleicht hast du gerade vorher bei einem anderen Gläubiger eine Zusage getätigt und bist im Begriff, diese zu kippen, da ein ungeduldiger Gläubiger kommt und versucht, dich einzuschüchtern.

Um solche Situationen zu vermeiden, wäre es sinnvoll, einen Sanierungsplan auszuarbeiten. Schaue an, wie viele Gläubiger bedient werden wollen, und überprüfe deine Finanzen.

- Schaue nach, ob du irgendwas hast, was du noch zu Geld machen kannst. Gibt es irgendwas, was du verkaufen kannst, um schnell wieder flüssig zu werden?
- Welche Möglichkeiten gibt es, um Einsparungen zu treffen?
  - Vielleicht eine zeitlang weniger abends ausgehen oder wenn, dann mit weniger Ausgaben?
  - Hast du irgendwelche Abos, die du kündigen kannst? Zum Beispiel Zeitung, TV oder Internet-Mitgliedschaften, die kostenpflichtig sind?
  - Einsparungen beim Einkaufen von Lebensmitteln, bei den Telefon- oder Handy-Kosten (Umstellen auf einen billigeren Tarif), bei Energiekosten?
  - Könntest du Versicherungen vorübergehend stilllegen?
- Besteht die Aussicht, eine Aushilfstätigkeit oder einen Nebenjob anzunehmen? Natürlich keinen, bei dem man erst einmal investieren muss!
- Könnten dir deine Eltern oder Freunde bei deinem Sanierungsplan unter die Arme greifen? Wäre

es denkbar, dass sie dir einen gewissen Betrag zur Verfügung stellen – wenn auch nur leihweise?

Doch um eines bitte ich jeden, der sich in dieser Situation befindet und vielleicht alle Fragen mit »nein« beantwortet hat: trotzdem bitte, bitte den Mut nicht zu verlieren und KEINE PANIKHANDLUNGEN, indem du dir dann vielleicht einen unseriösen Kredit holst. Zu groß ist die Verlockung in den Anzeigen, wenn es heißt »Kredit ohne Schufa« oder »Kredit auch bei negativer Schufa-Auskunft«. Du kämst dann vom Regen in die Traufe und würdest alles nur viel, viel schlimmer machen.

Wenn du dir nun über deine Finanzen einen Überblick verschafft hast und weißt, welcher Rahmen dir zur Verfügung steht, kannst du loslegen. Dann geht es ans Eingemachte, denn du hast IMMER die Möglichkeit, über Ratenzahlungen oder im Idealfall einen Vergleich deine Schulden zurückzuzahlen.

Schuldenfrei, aber wann?

Schuldenfrei kann man meiner Erfahrung nach recht schnell werden, wenn man zwei Dinge beachtet:

- **Absolute Zuverlässigkeit,** das heißt, dass man keine Zahlungsversprechungen abgibt, die man nicht einhalten kann und sich aber auch präzise genau an die Vereinbarungen hält – pünktlich den vereinbarten Betrag zu zahlen!

- **Sofortiges Handeln,** das heißt, nicht alles auf die lange Bank schieben und warten, bis der

Schuldenberg wirklich sooo groß ist, dass man ihn nicht mehr überblicken kann.

Wenn man sich ganz konsequent an diese zwei Punkte hält, kann man sehr schnell wieder schuldenfrei sein – sogar noch vor den sieben Jahren, die einem dann das Recht auf Restschuldbefreiung durch das Verbraucherinsolvenzverfahren einräumen.

Vergleichsverhandlung – eine gute Chance

Der absolute Idealfall ist, mit dem Gläubiger einen Vergleich zu schließen. Noch besser ist es, wenn dieser auch noch außergerichtlich geschlossen werden kann. Einen Vergleich abzuschließen bedeutet, man einigt sich über eine Summe, die dann normalerweise als Einmalzahlung ansteht, zahlt diese und die Sache ist vom Tisch.

Die Höhe dieser Summe ist Verhandlungssache. Am besten machst du diese Verhandlung schriftlich, denn das hat gleichzeitig den Vorteil, dass du später noch mal nachlesen kannst, was du dem Gläubiger angeboten hast. Außerdem kann so keiner sagen, er hätte von nichts gewusst. Wenn du ganz, ganz sicher gehen willst, kannst du deine Briefe per Einschreiben mit Rückschein schicken.

Aus Erfahrung kann ich aber sagen, dass das bisher noch nie notwendig war. Zum Teil habe ich Vergleichsverhandlungen schon per E-Mail geführt, was den Vorteil hat, dass es dann auch dementsprechend schnell geht, bis man eine Antwort erhält.

Zu der Vergleichshöhe, die man anbietet, gibt es so eine ungeschriebene Faustregel. Natürlich muss man irgendwo im Rahmen bleiben und sollte auch die Vorstellungen des Gläubigers nicht außer Acht lassen. Deshalb ist es wichtig, dass du deine finanziellen Möglichkeiten kennst, um dann auch gleich reagieren zu können. Das ist das allerwichtigste in diesem Fall, denn sonst ist sowieso alles hinfällig, und sämtliche Vereinbarungen haben keine Bedeutung mehr.

Grundsätzlich gilt: Je frischer der Titel, desto höher muss man einsteigen. Hoch bedeutet bei ca. 50 % der Hauptforderung. Wenn du nun zum Beispiel eine Hauptforderung von 100 Euro hast, dann biete einen Vergleich mit 50 Euro an und einem sehr kurzen Zahlungsziel. Zahlungsziel heißt Zahlungszeitpunkt. Schreibe mit dazu, dass du die 50 Euro bis zum Ende des Monats überweisen würdest, und frage gleichzeitig, ob die Firma damit einverstanden wäre.

Ein bisschen Zeit musst du mit einkalkulieren, da in manchen Fällen erst mit der Geschäftsleitung Rücksprache gehalten werden muss und es seine Zeit braucht, bis man zurückschreibt.

Natürlich kann man auch niedriger mit seinem Angebot einsteigen oder erst gar keinen Betrag nennen, sondern einfach nachfragen, ob sie mit einem Vergleich einverstanden wären und wenn ja, möchten sie doch bitte angeben, wie dieser aussehen könnte. Das reicht zunächst vollkommen aus und dann wartest du einfach die Antwort ab.

Sollte dann ein Betrag genannt werden, der für dich momentan zu hoch ist, gibt es zwei Möglichkeiten: Du kannst nachverhandeln und versuchen, diesen zu verringern, indem du schreibst, dass du das gerne so machen würdest, aber nicht kannst, weil du nur einen gewissen Betrag zur Verfügung hast, oder du vereinbarst zwei Zahlungstermine. Es geht auch, einen Vergleich auf Raten zu zahlen.

Doch hierbei ist wichtig, dass aus deiner Korrespondenz GANZ EINDEUTIG hervorgeht, dass es sich um eine Vergleichsverhandlung handelt, und nicht ein schlauer Gläubiger meint, du machst ein Angebot für eine Ratenzahlung des ganzen Betrags.

Noch ein weiterer ganz wichtiger Punkt ist: Lasse dir nach der abgeschlossenen Zahlung unbedingt SCHRIFT-LICH bestätigen, dass die Angelegenheit nun erledigt ist, und erinnere deinen Gläubiger auch daran, das an die Schufa weiterzugeben.

Ratenzahlung – die Alternative

Sollte die Vergleichsverhandlung scheitern – aus welchen Gründen auch immer –, kannst du deine Schulden in Raten zurückzahlen. Auch wenn der Gläubiger sich damit NICHT einverstanden erklärt und es dir vielleicht sogar schriftlich mitteilt, MUSS er das akzeptieren, ob er will oder nicht.

Überlege dir eine Größenordnung, die du jeden Monat zahlen kannst. Die Ratenhöhe sollte dir jedoch die Luft zum Atmen nicht abschnüren, aber andererseits auch nicht zu niedrig sein, denn irgendwann sollte der Berg ja einmal getilgt sein.

Auch hier gilt, dir SCHRIFTLICH bestätigen zu lassen, dass die Angelegenheit erledigt ist, wenn du die letzte

Rate gezahlt hast. Und auch hier sollte der Gläubiger das an die Schufa weiterleiten.

Und noch was: Wenn es eine größere Summe ist, die du abzahlen musst, kannst du nach einigen Monaten Ratenzahlung trotzdem noch einmal versuchen, dich mit dem Gläubiger auf einen Vergleich für die Restsumme zu einigen. Das kann dann eher klappen, da du durch deine getätigten Zahlungen Vertrauen erweckt und ihm signalisiert hast, dass es dir wirklich ernst mit der Rückführung ist und er sich auf dich verlassen kann.

Du selbst als Nobody?

Vergrabe dich nicht in deine Sorgen. Ich weiß, wie schwierig die Situation ist und wie elend und nutzlos man sich manchmal fühlen kann. Vor allem das Selbstwertgefühl leidet mächtig darunter und bekommt somit das meiste ab.

Vielleicht hat man noch ein paar »nette« Berater an seiner Seite, die es sich nicht nehmen lassen, einen mit Vorwürfen zu überschütten, nach dem Motto: Wie konntest du nur …, hättest du nur … wie kann man nur so blöd sein …, bis hin zu den schlimmsten Beschimpfungen. Vielleicht bist du auch selbst schon mit dir mit solchen Worten ins Gericht gegangen.

Doch sollte man sich darüber hinaus ebenfalls vor Augen halten, dass man ganz schnell in so etwas hineinschlittern kann. Dass man zahlungsunfähig wird, kommt in den besten Familien vor. Überlege doch einmal, wie viele Künstler sich allein in den letzten Jahren geoutet haben, dass sie pleite sind.

Du stehst mit deinem Problem nicht alleine da. So wie du dich gerade fühlen magst, tun es gleichzeitig viele, viele andere. Doch soll das kein Freibrief sein, mit seinen Finanzen zu schlampen. Im Gegenteil: Ich möchte wieder und wieder daran erinnern, vorher aufzupassen, dass man gar nicht erst in so was reingerät.

Passiert es trotzdem, wäre es fatal, den ganzen Frust an sich auszulassen. Auch wenn es schwer fällt, darfst du auf keinen Fall die Achtung vor dir verlieren. In diesem ganzen Prozess gibt es so viele Aufgaben, nach deren Erledigung man mächtig stolz auf sich sein kann.

Deswegen sei stolz auf dich – stolz für den Mut, diese unangenehmen Briefe zu öffnen, und auf den festen Entschluss, die Angelegenheit so gut und schnell wie möglich erledigen zu wollen. Das war bereits die größte Hürde, die du genommen hast. Und dafür verdienst du dir Anerkennung. Lass dir diese auch zukommen und lobe dich für jeden Schritt, den du weitergegangen bist.

Mache diesen Vorfall aber nicht zu deinem zentralen Lebensmittelpunkt. Es ist die Sache nicht wert, dass man deswegen jegliche Lebenslust verliert und sich nicht mehr würdig fühlt, einmal wieder etwas zu genießen oder Freude zu empfinden. Schau, Arme und Beine sind noch dran und den Kopf hat dir auch keiner abgerissen. Alles andere regelt sich oder lässt sich regeln.

■ ■ ■ Existenzgründung

Die Existenzgründung im Allgemeinen

Vielleicht trägst du dich mit dem Gedanken, dich einmal selbständig machen zu wollen. Doch in den meisten Bereichen braucht man den Nachweis der fachlichen Qualifikation, und den erreicht man zunächst mit einer abgeschlossenen Ausbildung. Deshalb möchte ich hier jetzt gar nicht weiter darauf eingehen, da das ein Abschnitt ist, der erst später zum Thema werden kann. Daher habe ich das Kapitel, das ich hierfür ausgearbeitet habe, auf die Homepage verlagert. Dort findest du ausführliche Informationen rund um die Existenzgründung.

Network-Marketing

Network-Marketing oder – auf Deutsch – Netzwerk-Vermarktung gewinnt im Laufe der Zeit immer mehr an Bedeutung. Dabei gibt es konservative Betrachter, die das sehr skeptisch oder sogar als Schneeball-System bezeichnen, einfach deshalb, weil sie zu wenig darüber wissen.

Deshalb möchte ich diesen Bereich hier aufgreifen, um ein bisschen zu erklären, was sich letztlich dahinter verbirgt.

Ein seriöses Network-Marketing-Unternehmen bietet eine vorgefertigte Existenz, die es ermöglicht, sich unabhängig und ohne Zwänge von zu Hause aus ein zweites Standbein oder aber auch ein Haupteinkommen aufzubauen. Im Vergleich mit der klassischen Existenzgründung sind in diesem Fall der Kapitaleinsatz und das Risiko verschwindend gering.

Wenn du im Network-Marketing beginnen möchtest, bist du selbständig, musst ein Gewerbe anmelden und dich selbst versichern. Doch du kannst mit diesem Geschäft bequem nebenher anfangen, so dass du normalerweise zu keiner Zeit finanziell in irgendeiner Form in Vorleistung treten musst. Sollte das dennoch von einem Unternehmen verlangt werden, ist absolute Vorsicht geboten!

Nun gibt es verschiedene Branchen mit unterschiedlichen Konzepten. Doch das Grundprinzip des Network-Marketings besteht darin, Menschen an die Hand zu nehmen, um ihnen zu zeigen, wie sie sich ein Geschäft aufbauen können.

Es gibt Formen, die bestehen zusätzlich aus dem Verkauf. Wenn es rein nur um den direkten Verkauf geht, wie zum Beispiel bei Verkaufsveranstaltungen abends im Wohnzimmer, dann handelt es sich um den sogenannten Direkt-Vertrieb. Hier muss man sich ebenfalls ein Netzwerk aufbauen, um genügend Kundschaft zu finden, damit man durch diese Tätigkeit Geld verdienen kann.

Aber der grundlegende Unterschied zum Network-Marketing liegt darin, sich Leute zu suchen, die sich ebenfalls ein Geschäft aufbauen wollen, denn an denen verdient man mit und baut sich dadurch ein passives Einkommen auf. Das heißt, an jedem neuen Mitarbeiter, den du geworben hast, verdienst du mit. An seinen Leuten, die dein neuer Mitarbeiter anwirbt, verdienst du ebenfalls mit. Das geht dann nach Ebenen in die Tiefe und ist bei jedem Unternehmen unterschiedlich.

Am besten sind aber die Konzepte, die nicht an einen Verkauf geknüpft sind, sondern nur an Empfehlungen. Bei den meisten gibt es nämlich keine Kommissionsware, was mit anderen Worten heißt, dass du die Produkte erst einmal kaufen musst, um sie wiederverkaufen zu können. Das kann ganz schön ins Geld gehen und birgt wiederum das Risiko, auf dem Lagerbestand sitzen zu bleiben.

Wenn es hingegen nur um Empfehlungen geht, sind die Kosten extrem gering – eigentlich nur für deinen eigenen Bedarf –, so dass du alles überschaubar und günstig halten kannst.

Auch bei den Produkten dieser Unternehmen gibt es Unterschiede. Allerdings geht es dabei fast immer um Verbrauchsgüter, Dinge, die man im täglichen Leben braucht, am besten auch tatsächlich täglich, damit sie wieder nachbestellt werden, wie zum Beispiel Vitamine bzw. Nahrungsergänzungen, Kosmetik, Putzmittel, Wellness- und Antiaging-Produkte.

Wenn du einmal damit in Berührung kommst oder du dich entschließen solltest, in dem Bereich etwas aufzubauen, kannst du dich aber auch beim Verband für Network-Marketing oder Direktvertrieb, den es seit kurzem gibt, über die jeweiligen Unternehmen erkundigen und so beurteilen, ob du dabei bist, die richtige Wahl zu treffen.

Was ist Geld?

Ich wage hier mal zu sagen, dass es wohl für die meisten
Menschen nichts Begehrteres, Wichtigeres und Erstre-
benswerteres gibt als Geld. Geld zu haben, an Geld zu
kommen, Geld zu verdienen, Geld zu sparen, Geld zu
erben usw.

Es gibt sehr viele Weisheiten und Sprichwörter zum
Thema Geld. Die meisten davon sind negativ, so dass bei
vielen schon in früher Kindheit das Verhältnis zu Geld
gestört wird. »Geld verdirbt den Charakter« zum Beispiel
ist ein Spruch mit fatalen Auswirkungen. Damit wird man
schon sehr bald darauf »programmiert«, besser mal kein
Geld zu haben, als später als »Charakter-Schwein« zu
enden.

Dabei frage ich mich immer, ob es solche Sprüche
auch in anderen Ländern gibt. Es ist hierzulande sehr
ausgeprägt, dass man über Geld schweigt und schon gar
nicht seinen finanziellen Erfolg zu erkennen gibt. Anders
in anderen Kontinenten: Da werden die Erfolgreichen
gefeiert und als Idole und Vorbilder verherrlicht. Somit
ist der Ansporn von vornherein für jeden Einzelnen vor-

handen, während man hier in Deutschland doch eher hinter vorgehaltener Hand damit umgeht.

An dieser Stelle möchte ich erwähnen, dass ich Persönlichkeiten kennen gelernt habe, die wohlhabend und reich waren. Unter ihnen waren brillante Charaktere, an denen man sich nur ein Beispiel nehmen kann.

Dem Geld wird so unendlich viel Bedeutung beigemessen. Für manche ist es das Allerwichtigste auf der Welt. Doch tatsächlich ist Geld nur ein Zahlungsmittel, ein Wertmaßstab und Wertaufbewahrungsmittel. In den Industrienationen haben wir das Geld in verschiedenen Währungen, während in Drittländern mehr mit Naturalien getauscht wird.

So gesehen ist Geld auch in unserer Region ein Tauschmittel, das den Wert mit Ziffern eingeprägt bekommen hat. Dadurch können wir sehr einfach und schnell Reichtum und Wohlstand erkennen. Doch gehört zu einem glücklichen Leben mehr als nur Geld. Allerdings gibt es viele Zeitgenossen unter uns, die versuchen, ihre Probleme mit Geld zu lösen oder ihre Charakterschwächen mit Geld zu überspielen, ihre Mitmenschen mit Geld zu manipulieren, oder die einfach nur damit protzen, um Aufmerksamkeit zu erheischen.

»Geld allein macht nicht glücklich« stimmt deshalb, weil es Werte im Leben gibt, die mit Geld nicht bezahlbar sind. Unsere Persönlichkeit bietet noch viel mehr Kriterien, nach denen man sich als Mensch profilieren kann. Geld ist wichtig – keine Frage. Aber andere Dinge eben auch!

Freude – wo ist sie geblieben?

Ist dir auch schon einmal aufgefallen, wie wenig man Leute auf der Straße lachen sieht? Hast du schon einmal in die vorbeifahrenden Autos geschaut und auf die verbissenen Gesichter der Insassen geachtet? Hast du auch schon einmal bemerkt, wie schlecht gekleidet viele Deutsche zum Einkaufen gehen?

Tagtäglich werden wir mit Negativ-Meldungen bombardiert, manche davon erkennen wir gar nicht auf den ersten Blick. Vieles davon ist uns bereits so in Fleisch und Blut übergegangen, dass es mittlerweile ganz normal für uns geworden ist. Ob es die täglichen Nachrichten sind, die selten etwas Erfreuliches verkünden, ob es das Fernsehen im Allgemeinen ist, das von Katastrophen-Meldungen lebt, ob es eine Unterhaltung unter Freunden ist, die sich auch nur darauf ausrichtet, dass alles Scheiße ist, ob es die ermahnenden Zeigefinder der Eltern sind, die ständig nur vor irgendwelchen fürchterlichen Ereignissen, die eintreten KÖNNTEN, warnen, usw.

Aus dieser Sicht ist das Leben unendlich schlimm und grausam. Dabei erinnere ich mich an einen Spruch, den man in meiner Jugend gerne in das Poesie-Album geschrieben hat: Das Leben ist wie eine Hühnerleiter – kurz und beschissen. Wenn man sich danach richtet, wäre das eigentlich der Startschuss für eine richtig deftige Depression.

Doch wo bleibt die Freude? Wann hast du dich zum letzten Mal so richtig amüsiert? Wann hast du gelacht, bis du Bauchschmerzen hattest? Wann hast du das letzte Mal geträumt, bist unbeschwert und tanzend durch die Gegend gelaufen? Wann hast du dich so sehr gefreut, dass du die ganze Welt umarmen wolltest?

Leider gibt es auch hier viele, viele »Lebensweisheiten«, die einem regelrecht den Mut nehmen, sich unbeschwert auf oder über etwas zu freuen. »Freue dich nur nicht zu früh« oder »Wer sich zu sehr freut, wird bald weinen«, um nur ein paar Sprüche als ständige Lebensbegleiter zu nennen, die ganz große Freude-Blocker sind.

Bereits Friedrich Nietzsche sagte: »Seit es Menschen gibt, hat sich der Mensch zu wenig gefreut. Das allein ist unsere Erbsünde! Und lernen wir uns freuen, so verlernen wir am besten, anderen wehe zu tun und Wehes auszudenken.«

Doch wer sagt, dass wir uns nicht freuen dürfen? WER SAGT DAS? Und hier möchte ich mal ein kleines Geheimnis verraten: Es ist unsere PFLICHT im Leben, uns zu freuen. Das kann in den unterschiedlichsten Formen sein. Zunächst einmal ist es wichtig, dass wir uns selbst Freude bereiten. Ob wir uns eine Freude machen oder uns einfach über uns selbst freuen, spielt dabei keine Rolle.

Überlege dir doch mal, was dir gefällt, was du gerne machen möchtest, worüber du dich informieren wolltest, was du erlernen möchtest usw. Natürlich kannst du auch in kleinen Schritten anfangen und dir einen Freudeplan erstellen, in dem du dir für jeden Tag ein kleines Highlight notierst. Etwas ganz Persönliches – und nur für dich! Trau dich ruhig und vergiss das mögliche schlechte Gewissen dabei, das sagen könnte, dass es selbstsüchtig wäre oder was auch immer.

Nur wer Liebe kennt, kann Liebe geben, und nur wer Freude kennt, kann Freude geben. Gehe doch dann mal als erfreuter Mensch zum Einkaufen und schenke der Verkäuferin dein Lächeln. Und du wirst sehen, wie viel davon wieder zu dir zurückkommt.

In dem Moment, in dem du mit Freude lebst, wirst du dein Umfeld durch deine Ausstrahlung anstecken. Somit bewegst du auch Enormes in deinem Freundeskreis, deiner Familie und bei Nachbarn. Irgendwann ist es für dich selbstverständlich, auch anderen Freude zu bereiten, und du wirst staunen, wie viel Freude in dein Leben zurückkommen wird.

Freundlichkeit kostet nichts, aber bewirkt viel

Stell dir mal vor, du hast ein kleines Geschäft. Nun haben zwei Kunden eine Reklamation. Der eine schreibt dich an mit den Zeilen: »Leider ist der Artikel kaputt gegangen. Wäre es möglich, diesen zu ersetzen? Das wäre sehr nett und wir würden uns darüber freuen.«

Der andere ruft bei dir an und bellt ins Telefon: »So ein Sauladen. Da kann man sich auf nichts verlassen. Es ist nur Schrott, der da verkauft wird.«

Bei welchen von beiden würde es dir leichter fallen zu helfen und die Sache ins Reine zu bringen? Bei dem freundlichen Schreiben oder dem cholerischen Anrufer?

Sicherlich fühlt man sich nach so einem Anruf erst mal geplättet, ist selbst verärgert und legt den Vorgang zunächst zur Seite. Also bedient man zuerst den freundlichen Kunden und sammelt sich, um den Zankapfel möglichst noch freundlich abzufertigen.

Damit möchte ich sagen, dass man mit Freundlichkeit viel, viel mehr im Leben erreichen kann. Egal wo, wann und weshalb. Freundlichkeit ist eigentlich für fast alles die Eintrittskarte. Und es kostet nicht viel Mühe, sich ein nettes Lächeln aufs Gesicht zu zaubern.

Zuverlässigkeit, damit schafft man Freunde

Diese Eigenschaft gewinnt wieder an Attraktivität. In den vergangenen Jahren ist sie ziemlich verloren gegangen, wobei ich persönlich nicht nachvollziehen kann, wie jemand mit Unzuverlässigkeit zurechtkommt.

Wenn man sich mit Freunden verabredet hat und etwas dazwischen gekommen ist, kann man doch kurz anrufen oder simsen, damit der andere Bescheid weiß. Oder gibt es tatsächlich jemanden, dem es gefällt, wortlos versetzt zu werden?

Zuverlässigkeit zählt überall und erfährt in vielen Lebensbereichen eine ganz besondere Wertschätzung. Es fängt schon an in der Beziehung zu den Eltern oder umgekehrt. Jeder Mensch freut sich, wenn er merkt, dass man ihm zuhört, dass Informationen vertraulich behandelt werden, gerade wenn er sich einem anderen anvertraut hat, und dass Absprachen ihre Gültigkeit haben.

Hat dir schon mal jemand eine Information gegeben und hinzugefügt, dass er oder sie diese aus »zuverlässiger Quelle« hat? Das heißt nichts anderes, als dass die Nachricht von einer Person stammt, auf die man sich verlassen kann.

Ehrlichkeit beruhigt

Eigentlich ist Ehrlichkeit etwas, das selbstverständlich sein sollte. Doch leider zeigt das tägliche Leben immer wieder, wie einfallsreich und durchtrieben Menschen lügen können. Selbst diejenigen, von denen man es gar nicht erwartet hätte. Dabei vergessen sie doch nur allzu oft, dass Lügen irgendwann auffliegen.

Um sich erfolgreich vor solchen Leuten zu schützen, solltest du immer ehrlich sein. Das hat zwei Vorteile:

Zum einen unterstreichst du damit deine Glaubwürdigkeit. Egal ob es im Freundeskreis ist oder später einmal im Berufsleben: In dem Moment, wo du gradlinig bist, zuverlässig und ehrlich, signalisierst du jedem, der mit dir zu tun hat, dass du verbindlich bist und das, was du sagst oder tust, Hand und Fuß hat.

Natürlich bedeutet das gleichzeitig, auch einmal zu seinen Fehlern zu stehen. Das kommt vor und passiert jedem, dass man mal etwas übersieht oder vielleicht ausplaudert oder sich in Tratsch-Geschichten mit reinziehen lässt. Wenn es ums Berufsleben geht, dann gib ruhig zu, wenn du einen Fehler gemacht hast, und stehe dazu.

Das bedeutet nämlich umgekehrt auch, dass dir dann keiner was »unterjubeln« kann, also, wenn mal jemand versucht, dir etwas in die Schuhe zu schieben und du sagst, dass du das nicht warst, dann WARST DU DAS AUCH NICHT! Jeder wird dir glauben, weil die Menschen um dich herum wissen, dass du *ehrlich* bist. Das strahlst du aus!

Zum anderen ist ein Leben in Lügen wahnsinnig anstrengend und macht schnell einsam! Du müsstest ständig darüber nachdenken, wem du was erzählt hast, um nicht aufzufallen. Doch irgendwann tappt man in die Falle und verrät sich. Dann wird das richtig böse und kann äußerst blamabel sein, sich aus dieser Situation wieder herauszumanövrieren. Und mal ganz ehrlich: Wer will denn schon mit aller Gewalt sein Gesicht verlieren?

Und ist der Ruf erst ruiniert, dauert es extrem lange, ihn wieder herzustellen. Gerade wenn es um so eine sensible Geschichte wie Ehrlichkeit und Lügen geht. Man kann nahezu bei Null anfangen, um unter Beweis zu stellen, dass man es tatsächlich ehrlich meint.

Vertrauen geben und nehmen

»Vertrauen ist gut, Kontrolle ist besser.« Ist das nicht ein richtig knackiger Spruch? Allerdings ist es traurig, wenn man das auf sein eigenes Umfeld bezieht und bei jedem das Gefühl hat, alles kontrollieren zu müssen, um zu sehen, ob man es mit ehrlichen Menschen zu tun hat.

Vertrauen ist relativ schnell erklärt. Es setzt Zuverlässigkeit und Ehrlichkeit voraus. Das sind die Grundvoraussetzungen, um Vertrauen zu gewinnen. Wenn du deinem Umfeld so begegnest, werden deine Mitmenschen sehr schnell Vertrauen zu dir fassen. Das zahlt sich in deinem Privatleben und in deinem späteren Berufsleben absolut positiv für dich aus.

Umgekehrt wirst du ganz bestimmt nach den gleichen Kriterien entscheiden, ob du jemandem vertrauen wirst oder nicht. In dem Moment, wenn du eine fremde Person kennen lernst, wirst du erst einmal schauen, wie zuverlässig sie ist und welche Rolle die Ehrlichkeit bei ihr spielt. Danach wird Vertrauen entstehen können – oder auch nicht.

Höflichkeit tut allen gut

Benimm ist wieder in! Und wenn du dich von der Masse abheben möchtest, dann kannst du das ganz leicht und schnell tun, indem du einfach höflich und freundlich durchs Leben gehst.

Höflichkeit ist nichts Exotisches oder unüberwindbar Schwieriges. Eigentlich schafft man schon einen großen Vorsprung allein durch zwei Worte: Bitte und Danke! »Könnte ich bitte ein Glas Wasser haben?« »Na klar.« »Danke!« – Ist das wirklich schwer?

Wenn du zum Telefonhörer greifst und deinen Schulkollegen sprechen möchtest, könnte das so klingen: »Könnte ich bitte Steffen sprechen?« »Ja, Moment, ich hole ihn.« »Dankeschön!« – Klingt das nach einem Kunstwerk?

Und ganz bestimmt freuen sich Steffens Eltern über den Kontakt zu dir, da sie somit wissen, dass ihr Sohn in guten Kreisen ist.

Denke daran, dass du langsam in eine Epoche hineinwächst, in der du dein eigenes Image für dich selbst aufbaust. Du möchtest eine Persönlichkeit werden und damit legst du den Grundstein.

Zielstrebigkeit ist der Glaube an sich selbst

Wenn ich an meine eigene Jugend zurückdenke, fällt mir eine Zeit ein, die geprägt war von vielen verschiedenen Eindrücken, schrillen Figuren, coolen Typen, atemberaubenden Träumen und großartigen Plänen.

Schaue ich allerdings heute – nach fast zwanzig Jahren –, was daraus geworden ist, macht es mich doch sehr nachdenklich, denn keiner, keiner aus der damaligen Clique, hat das gemacht, wovon er oder sie damals geträumt hat.

Die Ursache liegt in den meisten Fällen darin, dass sich keiner das alles so recht zugetraut hat. Der Glaube an sich selbst fehlte oder wurde einem genommen. Wie oft hören wir von unserem Umfeld, dass das nichts für uns sei oder dass das doch gar nicht zu schaffen sei.

Spätestens wenn sich im Bauch ein ganz flaues Gefühl bei diesen Sätzen einstellt, wissen wir, dass wir gegen unsere Ziele, Einstellungen, Wünsche und Träume handeln. Nur allzu oft ergeben wir uns der Macht unseres Umfelds, seien es Freunde, Verwandte, Nachbarn, Medien, usw., die uns täglich mit negativen Nachrichten oder Einstellungen füttern.

Dazu war ich in einigen Kritikpunkten meiner Eltern zu dickköpfig und verstand manchmal wirklich nicht, was es zu bemängeln oder einzuwenden gab. Vielleicht wollte ich es auch nicht verstehen. Tatsache ist jedenfalls, dass ich heute nicht da wäre, wo ich jetzt bin, hätte ich mich von ihren Warnungen und Schlechtredereien beirren lassen.

Deshalb wünsche ich mir ganz arg für dich, dass du für dich herausfindest, was deine Ziele sind, und dass du versuchst, deinen Weg zu gehen. Glaube an dich – *du kannst was, du bist wer und du hast es drauf.* Wenn jetzt noch nicht ganz, wirst du es auf jeden Fall lernen. Und dann gehe DEINEN Weg – nicht den, den sich irgendjemand anderer für dich ausgesucht hat.

Toleranz – leben und leben lassen

»Leben und leben lassen« sollte das Motto sein. Aber anscheinend ist das so irre schwer. Wieso können Menschen nicht toleranter miteinander umgehen? Wieso werden sie absolut beleidigend, wenn ein anderer Mensch – aus welchen Gründen auch immer – nicht in ihr Schema passt? Was ist Toleranz und woher kommt Intoleranz?

Nun muss ich gestehen, dass ich mir hin und wieder Zusammenfassungen von Talk-Shows anschaue, um mir ein Bild über die Menschheit zu machen. Es ist eine sehr interessante Studie, da manchmal Menschen mit Niveau im Studio sitzen und oft eben nicht. Meiner Meinung nach liegt der Unterschied darin:

Menschen, die mit sich selber hervorragend klarkommen, zu sich stehen und sich mögen, mögen auch andere. Sie schaffen es, andere so zu lassen, wie sie sind. Für sie ist es nicht wichtig, ob jemand zu groß, zu klein, zu dick, zu dünn oder zu hell- oder dunkelhäutig ist, eine Rechtschreibschwäche hat oder Pickel im Gesicht.

Ganz anders aber bei Menschen, die sich selbst nicht leiden können. Diese werden aggressiv, beleidigend, ausfallend, diffamierend und noch viel mehr, wenn sie bei einem anderen eine Schwäche oder ihrer Meinung nach einen sonstigen Mangel feststellen. Eigentlich geht es bei diesem Personenkreis nur darum, ihren Frust über sich selbst an anderen auszulassen. Tatsächlich ist es auch nicht der Fehler am anderen, sondern mehr das eigene Unvermögen, mit sich selbst nicht ins Reine zu kommen.

Es ist eine äußerst willkommene Gelegenheit, mal wieder seinen ganzen Frust an jemand anderem auszulassen, und deshalb zieht man sich an dessen Fehlern oder Schwächen hoch. Dabei müsste man erst einmal definieren, was eigentlich ein Fehler oder eine Schwäche an einem Menschen ist. Jemand anders kann das nämlich als ganz süße und liebenswerte Äußerlichkeit oder Eigenschaft betrachten ...

Nun liegt es an dir, für dich herauszufinden, zu welcher Personengruppe du dich zählen willst. Doch glaube mir, wahre Größe zeigt mit Sicherheit niemand, der andere tyrannisiert, weil sie nicht in sein Bild passen.

Dankbarkeit: ein Gefühl, das man zeigen sollte

Dankbarkeit ist ein recht altmodisch gewordenes Wort, das aber durchaus wieder modern wird. Dankbarkeit klingt fast ein bisschen merkwürdig, da wir anscheinend in einer Welt leben, in der alles – vieles – selbstverständlich geworden ist. Das ist es aber nicht, war es noch nie und wird es nie sein.

Kennst du die Situation, dass du jemandem einen Gefallen getan hast und keine Dankbarkeit erkennen konntest? Nur allzu schnell wirst du von einem Freund oder jemand anderem den guten Rat hören, dass man nie Dankbarkeit erwarten darf. Das ist auch so weit richtig, denn dann ist die Enttäuschung nicht so groß, wenn es tatsächlich so eintritt.

ABER: Was spricht denn dagegen, selbst dankbar zu sein? Dabei erinnere ich mich an meine letzten Arbeitsverhältnisse, bei denen ich jeweils sehr viel, extrem viel Einsatz erbrachte. Dieser Einsatz wurde geschätzt! Mein damaliger Chef zeigte immer seine Dankbarkeit, indem er von Geschäftsreisen oder aus dem Urlaub ein kleines Präsent mitbrachte. Er bedankte sich auch jeden Abend, wenn ich die Firma verließ, und fügte hinzu, dass er wüsste, dass dieses Engagement nicht selbstverständlich ist.

Dadurch habe ich erfahren, wie sehr man sich freut, wenn das, was man tut, geschätzt wird. Das gefiel mir so gut, dass ich es fest in mein Leben eingebaut habe. Nun zeige ich auch den Leuten, mit denen ich zu tun habe, meine Dankbarkeit. Vorher fehlte sicherlich ab und an einmal der Mut dazu. Doch durch diese Erfahrung weiß ich, dass man keinen Mut dazu braucht, jemandem seine Dankbarkeit zu zeigen, denn das kommt IMMER GUT AN! Jeder, wirklich jeder Mensch freut sich darüber!

■ ■ ■ **Alltag**

Arbeitslosigkeit – NICHT aber Ziellosigkeit

Es ist noch gar nicht lange her, dass sich die Medienbe-
richte mit noch größeren Arbeitslosen-Zahlen überschla-
gen haben. Wenn man selbst in dieser Situation ist, wird
man durch die ständigen Negativ-Botschaften permanent
entmutigt.

Nur allzu schnell fühlt man sich quasi aufgefordert, die
Flinte ins Korn zu werfen, denn man befindet sich eh in
einer hoffnungslosen Position. Arbeitslos, denn niemand
will einen!

Während meiner Tätigkeit als Dozentin und Mentorin
für arbeitslose Manager machte ich immer wieder die
Erfahrung, wie schnell, wie rasend schnell sich selbst
ehemalige Größen der Geschäftswelt in ihr Mauseloch
verkriechen – und da auch sitzen bleiben. Gerade in dieser Generation wurde die Arbeitslosigkeit sehr häufig als
eine menschliche Niederlage betrachtet und dementsprechend gehandhabt. Das Selbstwertgefühl, das sicherlich
bei diesen Menschen einmal eine große Rolle gespielt hat,
war wie weggeblasen.

Stattdessen standen Gedanken wie »Niemand will
mich mehr«, »Ich habe versagt«, »Mein Leben ist vorbei«,

»Für mich gibt es keinen Ausweg«, »Unsere Politik muss was ändern und solange das nicht passiert, gibt es für mich keine Zukunft mehr« an oberster Stelle.

Bei der Jugend ist Arbeitslosigkeit nun auch nicht unbedingt chic, aber ich gewinne immer mehr den Eindruck, dass sie zumindest »salonfähig« geworden ist. Doch selbst das müsste nicht sein.

Vor ein paar Tagen erst erfuhr ich von einem Hauptschüler, der dieses Jahr den Abschluss gemacht hat, dass lediglich vier Leute aus seiner über 30-köpfigen Klasse eine Lehrstelle gefunden haben. Ja, sicherlich nimmt man das jetzt als Bestätigung für die Schlagzeile aus den Nachrichten, dass es an der Lehrstellenknappheit in unserem Land liegt.

Doch weit gefehlt. Als ich ihn nach seiner Meinung fragte, was die Ursache dafür sein könnte, antwortete er mir: »Die haben nur vier oder fünf Bewerbungen an namhafte Unternehmen geschrieben und da bekamen sie Absagen. Sie sind doch selber schuld, wenn sie sich nicht auch für Kleinbetriebe interessieren, die zwar keinen Namen haben, mit dem man angeben kann, aber dafür würden sie eine Lehrstelle finden und vielleicht sogar eine bessere Ausbildung machen können.«

Uff, na, da tut sich doch ein ganz anderes Phänomen auf. Vielleicht liegt es gar nicht an der Lehrstellenknappheit? Vielleicht liegt es auch gar nicht an der angespannten Arbeitsmarktsituation?

Der Volksmund sagt immer sehr lässig: Wer arbeiten will, findet auch was. Da steckt mehr Wahrheit drin, als man glauben mag. Denn die Zauberworte in diesem Zusammenhang heißen Ausdauer und Beharrlichkeit!

Stelle dir doch einmal folgende Fragen:

- Hast du ein klares Ziel vor Augen und das brennende Verlangen, dieses Ziel auch tatsächlich erreichen zu wollen?
- Hast du einen sorgfältig ausgearbeiteten Plan, der genau auf deine Fähigkeiten, Neigungen, Möglichkeiten und Ziele abgestimmt ist und der dich somit JEDEN TAG aufs Neue motiviert, ihn umzusetzen?
- Hast du die Willenskraft, dich allen negativen und entmutigenden Einflüssen zu widersetzen?
- Hast du einen engen Freund oder eine gute Freundin oder einen Verwandten, der/die dich in deinem Vorhaben tatkräftig und moralisch unterstützt?
- Hast du gelernt, aus Niederlagen und Rückschlägen deinen Nutzen zu ziehen?

Diese fünf Fragen entscheiden über Erfolg oder Misserfolg, und zwar in allen Lebenslagen. Sie verwandeln Träume in Wirklichkeit, denn damit erreichst du die innere Freiheit und Unabhängigkeit, um deinen Weg zum Erfolg zu ebnen.

Eine Niederlage ist keine Schande. Eine Schande ist es allerdings, nach einer Niederlage die Flinte ins Korn zu werfen und die Hände in den Schoß zu legen. Leider fallen die meisten Menschen dann schnell in ein Jammertal nach dem Motto: Das Leben ist grausam und hart und wir gehören nicht zu den Glückspilzen.

Unzählige Persönlichkeiten haben die gleiche Erfahrung gemacht. Wenn ich allein an all die vielen Bewerber bei den Casting-Shows denke, fallen mir viele Beispiele von zielstrebig am Ball gebliebenen Menschen ein, die dir sicherlich auch namentlich bekannt sind.

Sie und andere Berühmtheiten – alle besitzen die gleiche hervorstechende Charaktereigenschaft: Ausdauer! Eine unermüdliche Ausdauer, die Mobilisierung all ihrer Kräfte auf ihr unerschütterliches Ziel hin waren letztlich die Gründe für ihren Erfolg und ihre weltbewegende Wirkung.

Mut zum Umdenken

»Stopp! Schluss und aus!«

Dies könnten für die nächsten Wochen deine wichtigsten Worte werden, wenn es darum geht, das Ruder in deinem Leben rumzureißen.

Viel zu oft lebt man einfach nur so in den Alltag hinein. Man ist schlecht gelaunt und weiß gar nicht, warum eigentlich. Man fühlt sich schlapp und lustlos, ohne einen genauen Grund dafür zu haben. Langeweile schleicht sich ein und Unzufriedenheit. Woher kommt das?

Die Antwort ist eigentlich ganz einfach: Blicke einmal auf deinen Alltag. Wenn du willst, kannst du dir auch Notizen dazu machen. Überlege doch mal, was du so den ganzen Tag mitbekommst.

Du hörst Nachrichten und wirst in denen über irgendwelche Katastrophen informiert. Du triffst deinen Nachbarn und der erzählt, welche Unfälle oder Krankheiten sich gerade in seiner Familie zutragen. Du hörst deinen Eltern bei einer Unterhaltung zu, die davon handelt, dass alles extrem teuer geworden ist und das Haushaltsgeld nicht mehr reicht. Du sitzt in der Schule und bekommst mit, dass das sowieso alles keinen Sinn hat, weil man nach der Schule auf der Straße steht, usw.

Wie ist dann deine Stimmung? Niedergeschlagen, ängstlich, panisch, aggressiv, lustlos, antriebslos, unsicher, frustriert und demotiviert. Ganz klar! Wir bewegen uns jeden Tag in einem Feld voller Negativ-Botschaften. Auch ich treffe selten auf einen Menschen, der mir mit Fröhlichkeit und Unbekümmertheit begegnet. Die meisten Menschen sind vollgepackt mit Problemen. Und das Schlimme daran ist, dass wir es als NORMAL betrachten, denn so ist das Leben, wie wir es bisher kennen gelernt haben.

Doch es geht auch anders! Ganz anders und VIEL BESSER!!!

Unsere Gedanken sind unsere Taten, und so, wie wir denken, fühlen wir uns auch. Und so wie wir uns fühlen, ist auch unsere Ausstrahlung und Wirkung. Mit dieser Einstellung gehen wir durchs Leben. Entweder voller Spannung und Erwartung, was noch alles kommen mag, oder frustriert mit einer Null-Bock-Haltung.

Versuche doch mal, mit folgender Übung aus dem Negativ-Kreis auszubrechen:

Mach das ruhig die nächsten Wochen regelmäßig und sorge dafür, dass du in diesen Minuten völlig ungestört bist, damit du dich auf dich und dein Leben konzentrieren kannst.

- Nimm dir jeden Morgen zwanzig Minuten Zeit, über dich und dein Leben nachzudenken. Male dir aus, wie du dir den heutigen Tag vorstellst, wie die Woche verlaufen soll, was du dir vornehmen möchtest, was du gerne essen möchtest und was du erleben willst. Denke auch darüber nach, wie du sein möchtest oder werden willst. Welche deiner Eigenschaften gefallen dir, welche möchtest du dir noch aneignen? Wie willst du deinen Mitmenschen gegenübertreten und wie wünschst du es dir, dass sie dir gegenübertreten?

- Setze dir Ziele – für die nächsten Tage, Wochen und für dein Leben. Wo willst du einmal hin und was willst du erreichen? Male es dir in den schillerndsten Farben aus, träume dich rein und fühle die Situation. Fühl sie, rieche sie, höre sie, erlebe sie. Je mehr du dich damit befasst, desto größer wird dein Verlangen werden, dies auch zu erreichen. Und dieses starke Verlangen wird dich immer wieder und wieder motivieren, deine Ziele auch tatsächlich zu erreichen.

- STOPP! STOPP! STOPP! Ich höre an der Stelle ein: »Ja, aber …« und die Frage: »Wie soll das denn funktionieren?« Das *Wie* interessiert uns an der Stelle gar nicht, denn es geht hier erst mal nur um das *Was*. WAS WILLST DU? Lass einfach mal deine Fantasie spielen und überlege nicht schon im Vorfeld, ob das realisierbar ist oder nicht. Stell dir vor: All die tollen und obergenialen Dinge um uns rum, ob das Radio, der Fernseher, PC oder das Auto, Telefon, Handy oder Licht, eine Dienstleistung oder … *Alles*, einfach *alles* um uns herum ist einmal entstanden durch eine *Idee*. Durch die Idee eines einzelnen Menschen entstand ein unbändiges Verlangen und eine unbeirrbare Entschlossenheit, die ihn so antrieb, dass er trotz Niederlagen NIEMALS aufgab. Die Menschen, die etwas erfunden, entdeckt oder weiterentwickelt haben, haben jedes Hindernis überwunden und erreichten mit ihrer richtigen Einstellung das scheinbar Unmögliche.

- Grenzen gibt es nur in unserem Kopf. Wenn *wir* sagen, es geht nicht, dann geht es auch nicht. Aber so funktioniert es auch umgekehrt: Wenn *wir* sagen: es GEHT, dann werden wir einen Weg finden, das alles so umzusetzen, wie wir es uns vorstellen – und zwar genau so oder vielleicht sogar noch etwas besser!

Probiere das einfach mal aus und experimentiere ruhig auch ein bisschen. Lass deiner Fantasie freien Lauf und durchbrich gedanklich alle Grenzen, die uns gesetzt wurden. Und du wirst sehen, was sich auf einmal in deinem Leben verändert. Außerdem macht das auch irre viel Spaß!

Dein größter Reichtum

Ja, Reichtum. Und was soll ich dir sagen: Wir alle besitzen ihn! Ja, *wir alle!* Egal, wie viel Geld jemand auf dem Konto hat, und egal, wie zerlumpt jemand rumläuft. JEDER hat sein eigenes Schatzkästchen! Und das vom ersten Lebenstag an, seit der Geburt – lebenslang – GARANTIERT!

Das Schlimme daran ist »nur«, dass die Wenigsten von uns eigentlich wissen, welcher gigantische Schatz ihnen mit auf den Weg gegeben wurde. Die meisten Menschen haben keine Ahnung von ihm und strampeln und rudern orientierungslos in ihrem Leben herum und hadern und gehen nicht selten daran sogar zu Grunde.

Das Schatzkästchen hat einen Namen. Es trägt die Aufschrift: *Du!* Ja, du hast richtig gelesen. Du, ich, wir, alle! Jeder ist für sich selbst der größte Reichtum!

Wie das funktionieren soll? Im Prinzip ist es ganz einfach. Wie du im vorherigen Kapitel gerade gelesen hast, bestimmen wir durch unsere Gedanken unser Leben. Wir setzen uns selbst Grenzen – oder auch *nicht*, denn große Träume sind KEINE Schäume. Sie rufen »schlimmstenfalls« das große Verlangen hervor, dass sie auch Wirklichkeit werden. Und so schnüren wir uns selber ein oder lockern ab dem heutigen Tag unsere Fesseln.

Finde nun für dich heraus, was du WILLST und was du NICHT WILLST. Das ist zunächst die allerwichtigste Frage. Traue dich danach, deine Interessen um- bzw. durchzusetzen. Lass dich dabei von Nörglern oder Schlechtrednern nicht beeindrucken. Die versuchen oft nur, dir ein schlechtes Gewissen einzureden oder dich sonstwie davon abzubringen.

Starte jeden Tag mit der festen Absicht, dass du dich wohlfühlen möchtest. Dazu kannst du selbst auch einiges tun, indem du dir nette Dinge für den Tag vornimmst (Treffen mit netten Freunden, tolles Buch lesen, einen Brief schreiben, einen Film schauen usw.) und dich nicht von der Negativität deiner Mitmenschen anstecken lässt.

Achte immer darauf, dass du dich bei allem, was du tust, wohlfühlst.

Vergiss bitte niemals, dass du IMMER die Wahl hast. Du hast immer zwei Möglichkeiten, in deinem Leben zu handeln. Du kannst dich über etwas ärgern oder auch nicht. Du kannst dich von schlechter Laune anstecken lassen oder auch nicht. Du kannst nach links oder rechts laufen, du kannst dich für weiß oder schwarz entscheiden, für viel oder wenig, für gut oder schlecht, usw.

Wenn du einmal nicht weißt, wie du dich entscheiden sollst, dann höre einfach in deinen Bauch rein. Was sagen deine Gefühle zu der einen Lösung, was zur anderen? Ziemlich schnell wirst du merken, dass du dich bei der einen Sache richtig gut fühlst und bei der anderen nicht so doll. Dann entscheide dich immer so, dass du dich dabei *wohlfühlst!* Achte darauf – tagtäglich. Das ist deine ganz große Aufgabe im Leben, die wichtigste überhaupt.

Durch dieses Wohlfühlen baust du automatisch eine andere Lebenseinstellung auf und gleichzeitig den Glauben an dich selbst. Du gehst mit Schwung, beherzt und mit Freude an verschiedene Sachen ran, die dir vorher wie eine Last vorgekommen sind. Sie werden dir aber nun viel leichter von der Hand gehen und mit Sicherheit auch ein anderes Ergebnis erzeugen.

Und so kommst du Schritt für Schritt auch deinen Zielen näher. Einfach übers Wohlfühlen! Oder hast du schon einmal was von einem erfolgreichen Menschen gehört, der erfolgreich wurde, weil er abgrundtief deprimiert ist? Ich nicht!

Allein unser Glaube an uns selbst entscheidet darüber, ob wir ein angenehmes Leben im Wohlstand haben oder ein schweres, anstrengendes Leben in Armut. Diese Wei-che stellen wir allein über unsere Gedanken und unseren Glauben. Damit erschaffen wir uns selbst unser Leben!

■ ■ ■ Zwischenmenschliches

Telefonieren und schreiben – die Kunst,
sich zu äußern

TELEFONIEREN

Das ist alles gar nicht so schlimm, wie man es immer denkt. Die wichtigste Grundregel, die ich dir aus eigener Erfahrung mit auf den Weg geben kann, ist zunächst einmal, dass du *du selbst* bleibst. Verstelle und verkünstle dich nicht, denn das merkt dein Gesprächspartner sofort – vor allem am Telefon.

Wenn du zusätzlich noch ein paar Grundregeln beherrschst, darfst du dich schon fast zu den Profis zählen. Damit hinterlässt du garantiert mit jedem getätigten Anruf einen bleibenden Eindruck und wirst eher bedient als jemand, der ohne Anstand und Rücksicht anruft.

Achte bitte darauf, wenn du jemanden anrufst, dass ...

1. ... *bei dir keine Hintergrundgeräusche sind:*
    Laute Musik, Hundegebell oder Küchengeräte, Waschmaschine oder was auch immer, sind störend. Zum einen versteht dich dein Gesprächspartner sehr schlecht und du ihn, und zum ande-

ren ist es sehr unhöflich. Wenn es sich irgendwie vermeiden lässt, dann richte es ein, dass du von einem ruhigen Raum aus telefonieren kannst.

2. *… du mit leerem Mund telefonierst:*
Das Reden mit vollem Mund gibt erst mal eine recht undeutliche Aussprache. Außerdem schickt es sich nicht, dem anderen ins Ohr zu schmatzen. Die Gefahr, sich beim Reden zu verschlucken, ist ebenfalls sehr groß und du hast ja deinen Anruf nicht getätigt, um deinem Gesprächspartner was zu husten, oder? Und bedenke auch die vielen Krümel, die dann in den Hörer geschleudert werden.

3. *… du dich laut und deutlich mit Namen meldest:*
Jeder, der angerufen wird, hat ein Recht darauf, zu erfahren, mit wem er spricht.

4. *… du die Zauberwörter »bitte« und »danke« nicht vergisst:*
Damit fällst du ein weiteres Mal in die Kategorie »sympathisch«, denn Höflichkeit ist etwas, was immer mehr in Vergessenheit gerät.

5. *… du freundlich bist:*
Du möchtest etwas von demjenigen, den du angerufen hast. Und mit Freundlichkeit bekommst du es am ehesten. Schau, du reagierst doch auf freundliche Menschen auch freundlich und nett oder bellst du da zähnefletschend zurück wie ein Kampfhund?

6. *… du beim Telefonieren am besten stehst:*
Im Stehen kann man ganz anders atmen, als wenn man zusammengekauert auf einem Stuhl hängt. Dadurch hat die Stimme einen kraftvolleren Aus-

druck und du kriegst wesentlich mehr Gehör, als wenn man von dir nur hört, dass du ständig nach Luft ringst. Außerdem kann man sich im Stehen besser auf das Gespräch konzentrieren.

7. *... du alles Wesentliche am Schluss noch mal wiederholst:* Damit hast du letztmalig die Gelegenheit, noch einmal zu überprüfen, dass Missverständnisse ausgeschlossen sind, vor allem, wenn es um Terminabsprachen geht.

8. *... du den Namen deines Gesprächspartners notiert hast:* Falls du den Namen vorher noch nicht kanntest, ist das ein ganz wichtiger Punkt. Solltest du irgendwann nochmals dort anrufen müssen, kannst du dich gezielt an die Person wenden, mit der du schon einmal über dein Anliegen geredet hast. Andernfalls fängst du bei einer anderen Person wieder von vorne an.

9. *... du dich höflich verabschiedest:* Dazu gehört mindestens noch eine ordentliche Grußformel. Die Steigerung wäre dann noch ein »Dankeschön« dafür, dass man sich die Zeit für dein Anliegen genommen hat, und der ultimative Kick wäre ein »Ich wünsche Ihnen einen schönen Abend« oder »schönen Tag« oder »Viel Glück« oder »Gutes Gelingen« oder ... WENN es zu dem Gespräch passt.

Das Gleiche gilt, wenn du angerufen wirst. Achte darauf, dass ...

1. ... *keine Hintergrundgeräusche da sind:*
   Wenn du dich gerade in einem lauten Raum befindest, verlasse diesen bitte, bevor du ans Telefon oder Handy gehst. Sollte dies nicht möglich sein, dann bitte die Anwesenden um einen Augenblick Ruhe. Wenn der Geräuschpegel zu hoch ist, verstehst du sonst nicht einmal, wer am Telefon ist und um was es geht.

2. ... *du mit leerem Mund telefonierst:*
   Beachte, dass du derjenige bist, der sich bei einem eingehenden Anruf zuerst meldet. Daher lass es lieber ein- oder zweimal länger klingeln, aber mach vorher den Mund leer.

3. ... *du dich laut und deutlich mit NAMEN meldest:*
   Ein knappes »Ja!« oder ein unsicheres »Hallo?« klingt immer, als ob der, der angerufen wurde, etwas zu verheimlichen hat und deshalb seinen Namen nicht preisgeben will

4. ... *du die Zauberwörter »bitte« und »danke« nicht vergisst:*
   Es könnte sich zum Beispiel um einen Rückruf handeln. Hier kann man sich dafür bedanken, dass dieser erfolgt ist, denn das ist leider auch nicht immer üblich.

5. ... *du den Namen deines Gesprächspartners notiert hast:*
   Falls du ihn anfangs nicht verstanden hast, darfst du problemlos noch mal nachfragen. Sollte der Name immer noch nicht verständlich gewesen sein, dann bitte darum, ihn dir zu buchstabieren. Auch

das ist eine generelle Empfehlung, die man immer beherzigen sollte

6. ... *du dich höflich verabschiedest:*
   Immer!

SCHREIBEN

Die telefonische Kommunikation ist ein bisschen einfacher als die schriftliche, da man seinen Ansprechpartner direkt sprechen und sich dabei gleich ein Bild von ihm machen kann. Dadurch können wir schnell aufeinander eingehen oder, anders ausgedrückt, man kann sich schneller auf den anderen einstellen. Das ist bei einem Brief doch etwas schwieriger.

Zunächst ist der Brief oft relativ anonym, denn häufig kennst du den Ansprechpartner nicht. Bestenfalls hast du einen Namen, an den du den Brief richten kannst. In so einer Ausgangssituation empfehle ich, den Brief recht neutral zu schreiben. Je mehr du später vielleicht zu dieser Person Bezug bekommst, desto persönlicher kannst du werden. Aber auch dann nur sehr dezent.

Fange den Brief in der obersten Zeile mit deiner Adresse an. Links deinen Namen und rechts deine Straße und unter der Straße deine PLZ und den Ort. So zum Beispiel:

Max Mustermann   Musterstr. 10
                                  12345 Muster

144

Auf dem PC zeigt dir das Textverarbeitungsprogramm unten in der Leiste die Zentimeter an, auf denen du dich gerade auf der jeweiligen Seite am Bildschirm befindest. Schalte so oft mit der Return-Taste, bis du auf 5,4 bis 5,6 cm bist. Wenn du auf dieser Höhe mit der Empfänger-Adresse beginnst, passt dein Schreiben nachher – vorausgesetzt, es ist korrekt gefaltet – problemlos in einen Fensterumschlag.

Die Adresse beginnt man mit einer Anrede, zum Beispiel Herrn, Frau, Firma. Auch wenn die DIN-Normen mittlerweile etwas anderes sagen mögen, steht die Höflichkeit immer noch an erster Stelle. Nach dieser Anrede wird einmal mit der Return-Taste geschaltet.

In der Zeile darunter kommt der Name oder die Firma mit entsprechendem Zusatz, je nachdem, ob es sich um eine GmbH oder KG oder sonstige Unternehmensform handelt. Danach schaltest du wieder mit der Return-Taste in die nächste Zeile.

Solltest du dein Schreiben an eine Firma richten und hierfür einen bestimmten Ansprechpartner haben, dann kommt sein Name nun in diese Zeile. Zuerst die Anrede, ob es sich um einen Herrn oder eine Frau handelt, dann den Namen – so zum Beispiel Herrn Beispielsweise. Danach schaltest du wieder weiter in die nächste Zeile.

Hier ist nun der Platz für die Straße und Hausnummer und danach schaltest du wieder um.

Jetzt noch mal schalten. Und dann geht es los mit der PLZ und dem Ort. Vergiss nicht, nach der PLZ ein Lehrzeichen zu schalten. Insgesamt sieht das dann so aus:

```
Firma
Oiqutqzier GmbH
Herrn Beispielsweise
Beispielplatz 120

88899 Beispielstadt
```

So, fertig! Laut den neuesten DIN-Normen gibt es die freie Zeile zwischen der Straße und dem Ort nicht mehr. Aber ich habe noch keinen einzigen Brief gesehen, wo man sich daran gehalten hat. Auch hier gebe ich der Höflichkeit Vorrang vor Normen.

Es geht wohl darum, dass die Post die Briefe besser einlesen kann, wenn die Freizeile zwischen der Straße und der Ortschaft fehlt. Diese Änderung ist den Behörden bekannt und wird zum Teil an Schulen so unterrichtet. Privatpersonen und viele Firmen wissen davon aber nichts.

Wenn du in der letzten Zeile bei der Ortschaft bist, dann schalte nun dreimal und rücke rechts auf deine Seite. Da ist nun der geeignete Platz, das Datum einzutragen, und zwar so:

```
                                  Muster, 08.08.2008
```

Danach kannst du nochmals dreimal schalten, dann bist du auf dem Platz, auf dem du deinen Betreff einfügen solltest. Es geht nun wieder links auf der Seite weiter. Überlege dir den Inhalt deines Briefes in ein oder zwei Worten. Der Betreff sollte insgesamt nie länger als diese eine Zeile sein und dient dem Leser, vorab eine Kurzinfo zu bekommen, um was es dir geht. Also zum Beispiel: Anfrage oder Terminverschiebung, Bestätigung, Vorschlag für …

Einfacher ist es, wenn du auf ein Schreiben antwortest. Dann brauchst du nur zu schauen, was dir der Schreiber als Betreff genannt hat, und übernimmst diesen wieder. Damit hast du auch gleichzeitig einen Bezug hergestellt und er weiß sofort, dass du ihm auf seinen Betreff, also auf seine Angelegenheit, geantwortet hast.

Wenn du antwortest und auf dem Schreiben, das du erhalten hast, etwas draufsteht von »unsere Zeichen«, dann übernimmst du diese in den Betreff. Oder wenn es ein Schreiben an eine Versicherung ist, dann füge noch deine Versicherungsscheinnummer in den Betreff mit ein. So zum Beispiel:

Versicherungsscheinnr.: 87870878947325, Änderung meiner Versicherungsdaten
Oder ein anderes Beispiel:
Konzertreservierung

Du beginnst mit dem Betreff ganz links außen, schreibst aber *Betreff* als Wort nicht mehr mit dazu. Allerdings kannst du den Betreff fett setzen (wie ich es hier auch gemacht habe), damit er dem Leser gleich ins Auge fällt. Danach schaltest du wieder dreimal.

In dieser Zeile geht es nun los mit der Begrüßung. Hier gibt es viele Varianten, den Einstieg ins Schreiben zu starten. Die Standardformulierung ist *Sehr geehrte Damen und Herren*. Wenn du einen Ansprechpartner hast, dann muss hier selbstverständlich sein Name genannt werden. *Sehr geehrter Herr Beispielsweise* oder *Sehr geehrte Frau Anders*. Sollte es zwei Ansprechpartner geben, dann setzt man dazwischen einfach nur ein Komma: *Sehr geehrte Frau Anders, sehr geehrter Herr Beispielsweise …*

Nach der Begrüßung immer ein Komma setzen und mit dem nächsten Satz klein weiterschreiben. Natürlich kann man vom Standard weggehen und sich eine persönlichere Begrüßung aussuchen, wie zum Beispiel *Guten Tag, Herr …, Guten Morgen, Frau …*

Aber egal, wofür du dich entscheidest, am Schluss das Komma nicht vergessen und zweimal schalten, dann geht es mit dem nächsten Satz klein weiter.

Nun kannst du deinen Text schreiben. Je nachdem, wie viel du schreibst, achte darauf, dass du ungefähr nach fünf bis sechs Zeilen einen Absatz schaltest. Dann ist es für den Leser übersichtlicher und leichter zu lesen.

Im letzten Satz kannst du zum Beispiel noch schreiben, wenn es vom Sinn her passt, dass du dich über eine Nachricht sehr freuen würdest, und dich vorab schon einmal bedanken. So zum Beispiel: *Über eine Nachricht freue ich mich sehr und danke Ihnen im Voraus.*

Danach wieder zweimal schalten, dann kommt deine Verabschiedung. Die übliche Standardversion ist: Mit freundlichen Grüßen. Ach ja, und im Brief gilt: AUSGE-SCHRIEBEN. Wenn es als SMS in abgekürzter Form üblich ist, so hat das für einen Brief keine Bedeutung. Hier wird ausgeschrieben!

Allerdings gibt es noch eine breite Palette an Beispielen, die man für die Grußformel verwenden kann, zum Beispiel *viele Grüße, freundliche Grüße, schöne Grüße, es grüßt Sie freundlichst,* usw. Vielleicht gefällt dir ja eine andere Variante noch besser.

Im Brief geht es nun so weiter, dass du nach deiner Verabschiedung viermal schalten darfst – vorausgesetzt, dass nach unten noch so viel Platz da ist. Wenn nicht, reicht auch zweimal oder dreimal schalten. Dann kommt dein Vor- und Zuname, beides ausgeschrieben.

Solltest du noch etwas mit beifügen, zum Beispiel eine Kopie mitschicken, dann wird das am Briefschluss vermerkt. Mit dem Wort *Anlage* kannst du darauf aufmerksam machen, dass du dem Brief noch etwas beigefügt hast. Für den Empfänger ist das gleichzeitig ein Hinweis darauf, dass der Brief vollständig bei ihm angekommen ist und unterwegs nichts verloren ging.

Die Anlage kannst du in deinem Brief erwähnen, wo noch Platz ist. Entweder nach deinem Namen zweimal schalten und das Wort *Anlage* und ihre Beschreibung dann darunter; oder neben deinem Namen mit ein paar Leerschaltungen oder der Tabulator-Taste nach rechts rücken und es dorthinplatzieren. Fertig sieht das so aus:

Mit freundlichen Grüßen

Max Mustermann

Anlage: 1 Kopie meines Ausweises

Oder:

Mit freundlichen Grüßen

Max Mustermann   Anlage: Kopie meines Ausweises

Bevor du nun gleich auf DRUCKEN klickst, solltest du den Brief noch einmal durchlesen. Kontrolliere, ob du alle Daten erfasst hast, und überprüfe *vor allem* den gesamten Brief noch einmal auf Rechtschreibfehler.

Es ist extrem unhöflich, ein Wunderwerk an neuen Wortkreationen zu verschicken, das aber keiner lesen kann, weil er der Ausdrucksweise des Schreiberlings nicht gewachsen ist. Im Ernst: Lass im Zweifelsfall eine Rechtschreibprüfung über deinen PC laufen, bevor du deinen Brief ausdruckst.

Ist das alles so weit erledigt, kannst du ans Drucken gehen.

Doch nun kommt die Kür: deine Unterschrift! Und die setzt du oberhalb deines Namens ein, in den Platzhalter, den du zwischen der Grußformel und deiner Namensnennung gelassen hast. Also hier:

Mit freundlichen Grüßen

Unterschrift

Max Mustermann

Gratuliere! Fertig! Dein erster Brief ist gelungen! Nun musst du ihn nur noch falten – auf die Größe deines Briefumschlags, je nachdem, was du gerade da hast, DIN lang oder DIN A5 – Absender hintendrauf schreiben, Briefmarke aufkleben und weg damit zur Post!

Umgangsformen, so siehst du mich

Benimm ist wieder in. Aber keine Angst, keiner muss sich dabei auf den Kopf stellen. Trotzdem macht es Eindruck, wenn man ein paar Regeln beherrscht.

■ *Regel Nr 1 ist und bleibt die Höflichkeit.*
Die Höflichkeit ist ein Lebensstil, der schon bald in Fleisch und Blut übergehen sollte. Worin Höflichkeit besteht und warum sie so wichtig ist, habe ich in den vorherigen Kapiteln schon erläutert, so dass ich hier nicht noch einmal ausführlich auf sie eingehen will.

■ *Regel Nr 2: Das positive Erscheinungsbild*
Der erste Eindruck ist immer entscheidend und entsteht zunächst durch das äußere Erscheinungsbild. Innerhalb von Sekundenbruchteilen wird man vom Gegenüber gemustert und fällt sofort in eine Kategorie: passt oder passt nicht. Deshalb solltest du immer darauf achten, dass ...

- ... deine Kleidung dem Anlass und deinem Typ entspricht
- ... die Frisur ordentlich ist und die Haare frisch gewaschen sind
- ... die Zähne geputzt sind und der Atem frisch ist.
- ... die Fingernägel keine schwarzen Ränder haben, nicht angeknabbert sind und auch sonst gepflegt wirken
- ...du einen angenehmen Körpergeruch hast. Nicht zu viel und nicht zu wenig, aber auf GAR KEINEN FALL Schweißgeruch!

■ *Regel Nr 3: andere ausreden lassen.*
Dabei ist es völlig egal, ob man gerade auf Menschen trifft, die sich unterhalten, oder ob man selber in ein Gespräch verwickelt ist. Fällt man jemandem ins Wort, ist das sehr brüskierend für den anderen.

■ *Regel Nr 4: richtig reden*
Passe deine Lautstärke der Situation an. Schreie nicht alle nieder, wenn insgesamt eine stillere Atmosphäre herrscht, und umgekehrt. Auch übertriebenes Lachen gilt als unangenehm. Achte darauf, dass du klar und deutlich redest und deine Arme bzw. Hände nur dezent einsetzt. Wildes Umherfuchteln beim Reden kann einer anderen Person unter Umständen ein blaues Auge bescheren.

■ *Regel Nr. 5: richtig begrüßen*
Grundsätzlich gilt, dass immer derjenige grüßt, der gerade dazukommt. Du läufst gerade um die Ecke und triffst dort eine Gruppe, dann wirst du als Erster oder Erste grüßen. Wie dieser Gruß ausfällt, hängt davon ab, wie dein Verhältnis zu diesem Personenkreis ist. Betrittst du einen Raum, in dem sich schon jemand aufhält, ist es deine Aufgabe, zu grüßen. Bist du bereits in einem Raum und dein Chef kommt herein, solltest du aber auf ihn zugehen und ihn begrüßen. Allerdings sollten bei einer Begrüßung, egal wann und wo, immer die Hände aus der Hosentasche genommen werden. Und lieber einmal zu viel als einmal zu wenig grüßen.

■ *Regel Nr. 6: Anrede von Menschen mit Titeln*
Triffst du auf einen Menschen, der einen akademischen Titel trägt, so musst du ihn mit seinem Titel ansprechen, zum Beispiel »Guten Tag, Herr Dr. Muster«, und zwar so lange, bis er von selbst das Angebot macht, den Titel wegzulassen. Von da an kannst du ihn dann »Herrn Muster« nennen.

Solltest du einmal auf eine Persönlichkeit aus adeligen Kreisen treffen, so würde ich mich an deiner Stelle vorher schlau machen, wie man diese Person richtig anspricht.

■ *Regel Nr. 7: Du oder Sie*
Grundsätzlich gilt, dass der Ältere oder der Ranghöhere das *Du* anbietet. Niemals umgekehrt, also zum Beispiel die zwanzigjährige Azubine einem zweiundvierzigjährigen Lieferanten. Damit verliert man jeglichen Respekt beim Gegenüber. Außerdem hat das schnell etwas Anzügliches und man könnte, auch wenn es so gar nicht gedacht war, in die falsche Schublade gesteckt werden.
Allerdings gibt es Situationen, da bekommt man von einer Person ein *Du* angeboten, bei der man es nie über die Lippen bringen würde, weil man zu viel Respekt vor ihr hat. Hier kannst du gerne sagen, dass du dich dem *Du* nicht gewachsen fühlst; begründe höflich, warum.

■ *Regel Nr. 8: Sitzhaltung*
Du kommst zu Besuch oder zu einem Vorstellungsgespräch, in ein Lokal oder zu einer Besprechung und möchtest dich gerne setzen. Dann warte bitte, bis man dich dazu auffordert und dir gezielt einen Platz anbietet. Wenn du dich anschließend dafür bedanken möchtest – nur zu.
Wenn du deinen Platz eingenommen hast, achte darauf, dass du eine gerade Sitzhaltung hast und deine Beine nebeneinander stehen. Es schickt sich nicht, als Frau seinem Gesprächspartner breitbeinig gegenüber-

zusitzen, genauso wenig, wie man sich hinlümmelt und schlaksig oder zusammengekauert am Tisch hängt.

■ *Regel Nr. 9: Tischmanieren*

Auf einem ordentlich gedeckten Tisch liegt die Gabel immer links vom Teller, das Messer rechts. Der Löffel für die Suppe liegt rechts außen, denn bei der Verwendung des Bestecks gilt der Grundsatz »von außen nach innen«. Also muss auch der Tisch so gedeckt sein. Das Glas (manchmal auch mehrere Gläser) für Getränke steht rechts oben neben dem Teller und der kleine Löffel fürs Dessert liegt an der oberen Kante des Tellers.

Das Messer dient nur zum Schneiden! Das Essen führt man mit der Gabel zum Mund. Wenn du zwischendurch zum Glas greifen möchtest, legst du das Besteck gekreuzt auf den Teller – niemals auf die Tischdecke!

Zum Schluss, wenn du mit dem Essen fertig bist, kannst du dir mit der Serviette den Mund abtupfen, das Besteck parallel auf den Teller legen und die Serviette auf den Tellerrand. Am einfachsten ist das, wenn man sie etwas unter die Gabel klemmt. Aber lege sie bitte *niemals* mitten in den Teller, gerade wenn noch Reste auf dem Teller sind.

Solltest du dir nach dem Essen unsicher sein, ob du vielleicht etwas zwischen den Zähnen hast, dann entschuldige dich kurz und kontrolliere das in der Toilette im Spiegel. Aber verzichte darauf, im Lokal nach einem Zahnstocher zu verlangen. In einem gehobenen Restaurant ist das eine Unsitte.

■ *Regel Nr. 10: Rauchverhalten*
Mit dem neuen EU-Gesetz hat sich das Rauchen in einem Lokal nun eh erledigt. Dafür gibt es möglicherweise Raucherzimmer oder man geht vor die Tür. Diese Empfehlung möchte ich auch aussprechen, wenn du bei einem Nichtraucher zu Besuch bist. Die einzige Ausnahme ist, wenn es dir AUSDRÜCKLICH angeboten wird.
Aber grundsätzlich nie WÄHREND des Essens rauchen oder wenn kleine Kinder in der Nähe sind.

■ *Regel Nr. 11: Entschuldigungen*
Es ist nicht leicht, sondern, ehrlich gesagt, extrem schwer, eigene Fehler zuzugeben oder sich auch nur einzugestehen. Allerdings kann man sich durch diese Hürde und die eigene Sturheit viel kaputt und das Leben unnötig schwer machen. Und manchmal würde schon eine kleine, ehrlich gemeinte Entschuldigung ausreichen, eine Freundschaft wieder zu kitten. Wenn man es nicht persönlich schafft, kann man auch einen Brief verfassen.
Einen Entschuldigungsbrief solltest du aber auf jeden Fall von Hand schreiben, und wenn du möchtest, kannst du ein kleines Geschenk mit beilegen. Es reicht normalerweise eine kurze Begründung, aber OHNE irgendwelche Vorwürfe, Anschuldigungen oder Ähnliches. Die haben in einer Entschuldigung NICHTS zu suchen.

NEIN statt Jain!

Manchmal ist es besser, *nein* zu sagen. Sicherlich gibt es Situationen, in denen jemand an uns herantritt und unsere Hilfe braucht. Natürlich hilft man bereitwillig einmal aus und stellt für jemanden auch seine eigenen Interessen zurück.

Allerdings hat das ständige Ja-Sagen viele Vorteile, die sich viele Menschen zueigen machen. Man hat zum Beispiel immer eine Ausrede, um seine persönlichen Belange hintenanzustellen. Dann sind andere schuld, wenn wir nicht vorankommen. In dem Moment brauchen wir keine Verantwortung für uns selbst zu übernehmen. Außerdem meinen wir, als selbstloser Mensch mehr gemocht zu werden.

Durch das Ja-Sagen gehen wir Konflikten aus dem Weg und umsegeln Schuldgefühle, die bei einem *Nein* vielleicht in uns aufkeimen. Gleichzeitig können wir anderen dann ein schlechtes Gewissen einreden, denn wir haben ja schon sooo viel für sie gemacht.

Die Unfähigkeit, *nein* zu sagen, besteht oft darin, dass wir Angst haben, abgelehnt zu werden. Oder wir können es nicht ertragen, dass der andere enttäuscht oder verärgert ist. Vielleicht werden wir sogar als egoistisch und herzlos hingestellt, was wir absolut nicht sein wollen. Möglicherweise sind wir auch manchmal zu schüchtern und haben Angst vor Beschuldigungen oder Vorwürfen.

Schon in früher Kindheit wurde uns ja beigebracht, dass unser Nicht-Reagieren mit einer Konsequenz geahndet wird. »Wenn du das nicht tust, dann passiert das und das.« Bei vielen Menschen führen diese Kindheitserfahrungen bis ins Erwachsenenalter hinein dazu, dass sie aus Angst vor irgendwelchen unangehmen Konsequenzen ständig Ja sagen, zum Beispiel aus Angst, die Stelle zu verlieren, den Freund oder Partner, aus Angst, dass man den Erwartungen nicht entspricht, aus Angst, dass noch etwas viel Schlimmeres passiert …

Allerdings gibt es Situationen, in denen du tatsächlich anfangen solltest, über ein *Nein* als Antwort nachzudenken. Das geht schon mal los beim Geld. Wenn dich ein sogenannter Freund oder eine Freundin immer wieder um Geld anpumpt und du genau weißt, dass du es nie mehr zurückkriegen wirst. Lass dich selbst bei der wildesten Geschichte, warum die Person jetzt das Geld unbedingt und ganz dringend braucht, nicht weichklopfen.

Traue dich ruhig, *nein* zu sagen, wenn du um etwas gebeten wirst, das du gar nicht tun willst oder das sehr unangenehm für dich ist. *Gute* Freunde werden dich NIEMALS zu einem Gefallen nötigen, sondern auch ein Nein akzeptieren. Und sollte dennoch jemand von dir etwas verlangen, das du nicht möchtest oder dir sogar zuwider ist, dann hast du wirklich einen Grund, dir einmal nähere Gedanken über eure Freundschaft zu machen.

Eine gute Gelegenheit, das *Nein*-Sagen zu üben, ist beim Einkaufen. Du bist in einem Klamotten-Geschäft und schaust dir Jacken an. Dabei kommt eine Verkäuferin um die Ecke und möchte dir unbedingt eine Jacke verkaufen, die dir gar nicht gefällt. Traue dich ruhig, dies zu äußern. Sage ihr das! Höflich, aber klar und deutlich! Solltest du eine andere Jacke finden, die du tatsächlich kaufen möchtest, und dich die Verkäuferin noch zu einem passenden Schal, einer Mütze, Handschuhen und sonstigen Dingen verführen wollen, dann sage einfach: Nein danke! Trau dich, probiere es! Es geht leichter, als du glaubst.

Wenn du dich – in welcher Situation auch immer – zu einem *Nein* durchgerungen hast, dann bleibe auch dabei und formuliere es mit der entsprechenden Bestimmtheit. Solltest du mit einem »Ja, vielleicht, mal sehen« antworten, ist das IMMER der Ansatzpunkt für den anderen, noch einmal nachzufragen, wodurch du dich möglicherweise sogar bedrängt fühlst und aus Verzweiflung doch noch Ja sagst.

Gerade in der professionellen Verkaufsschulung wird immer wieder gelehrt, so lange weiterzumachen, bis man aus einem zaghaften, zögerlichen Nein oder »Eigentlich nicht« ein Ja gemacht hat. Erst ein klipp und klares *Nein* des Kunden signalisiert dem Verkäufer, dass er sich hier die Mühe sparen kann, und er wird das Verkaufsgespräch stoppen.

Wenn du dich hast breitschlagen lassen oder zu schnell ein Ja gegeben hast, löst das häufig nur Ärger bei dir selbst aus, wieder nachgegeben zu haben. Oft schleicht sich dann das Gefühl ein, nur ausgenutzt worden zu sein.

Bevor du ein Ja abgibst, überlege dir vorher GANZ GENAU, ob gerade diese Person, die dich um einen Gefallen gebeten hat, das Gleiche auch für dich tun würde. Dafür kannst du dir ruhig etwas Bedenkzeit erbitten. Solltest du zu dem Schluss gekommen sein, dass die Hilfsbereitschaft nicht auf Gegenseitigkeit beruhen würde, liegt damit auch schon deine Antwort auf der Hand: *Nein!*

Sei dir bitte auch im Klaren darüber, dass du mit jedem Ja einen Preis zahlst. Ja, DU! Es ist DEINE Zeit, die du investierst. Vielleicht entstehen dabei sogar ein paar Kosten wie Telefon oder Fahrkarten, um irgendwohin zu kommen, aber auf jeden Fall entsteht dabei Stress, denn die Dinge, die du dir für DICH vorgenommen hast, geraten ins Hintertreffen oder müssen verschoben werden.

Durch ein *Nein* bist du kein schlechterer Mensch. Im Gegenteil: Verantwortungsbewusst mit sich selbst umzugehen, gehört zur Selbstachtung. Und du kannst deinen Freunden oder deiner Familie nur dann wirklich etwas geben, wenn du genug Kraft und Energie dazu hast und wenn du GERNE machst, worum man dich bittet.

Eine Sache noch: Bei einem *Nein* habe ich mich selbst immer am schwersten getan, wenn es um die Begründung ging. Wie erkläre ich es am besten, dass ich jetzt nicht kann oder es gerade unmöglich ist, der Bitte nachzukommen? Und eines Tages wurde mir klar, dass ich niemandem etwas erklären MUSS. Niemand braucht sich wegen einem *Nein* zu rechtfertigen. Man kann, wenn man will, MUSS aber nicht. Ob man eine Erklärung dafür abgibt, hängt immer von dem persönlichen Verhältnis zu der Person ab, also wie nahe man ihr steht oder ob man ihr – wie zum Beispiel am Arbeitsplatz – untergeordnet ist.

Allerdings heißt das auch umgekehrt, dass man selbst ein *Nein* von jemanden akzeptieren muss. Oder nicht? Bist du verletzt, gekränkt oder enttäuscht, wenn du auf deine Bitte ein *Nein* bekommst? Versuchst du, andere umstimmen zu wollen? Oder reagierst du darauf zutiefst beleidigt? Denke doch darüber einmal nach, denn darin findest du gleichzeitig sehr wertvolle Antworten, wie du mit der nächsten ähnlichen Situation umgehen kannst.

Ärger und Frust rauben Lebenskraft und Lust

Ärger hat viele verschiedene Facetten. Es gibt den Ärger, der von außen an uns herangetragen wird, es gibt selbstverschuldeten, »hausgemachten« Ärger, es gibt den Ärger über uns selbst und noch unzählige Varianten.

Doch eines haben alle Formen des Ärgers gemeinsam: Er macht uns krank, er macht uns kaputt und er raubt uns irrsinnig viel Lebensqualität. Ärger schadet uns in doppelter Hinsicht: Kurzfristig kann er uns den Tag versauen und langfristig wird er unsere Gesundheit ruinieren. Es gibt mittlerweile immer mehr Krankheiten, die eindeutig einem Übermaß an Ärger zugeschrieben werden.

Ich selbst habe bei mir schon so manches Mal festgestellt, dass ich einige Zeit später über verschiedene ärgerliche Situationen herzhaft lachen konnte, wenn ich noch einmal drüber nachgedacht habe. Oder es kam unterm Strich ein Ergebnis dabei raus, an das ich ohne den Ärger vorher gar nicht gedacht habe oder wovon ich nie gewagt hätte, auch nur zu träumen.

Deshalb die Frage: Ist es das tatsächlich wert, dass man sich so unendlich sehr über eine Sache aufregt? Es raubt nur Zeit, blockiert uns und die schlechte Laune hält Einzug.

Wenn eine Situation eskaliert und man dementsprechend reagiert, kann es auch schnell passieren, dass sich die Fronten total verhärten, zum Beispiel in einem Nachbarschaftsstreit, und man sehr lange Ärger hat, unter Umständen Monate oder Jahre!

Nun, ich möchte jetzt keinen Aufruf starten, jedem Ärger aus dem Weg zu gehen. Manchmal kann man es nicht ganz vermeiden. Aber eben nur manchmal. Die meisten Situationen sind es nicht einmal wert, dass man auch nur drüber nachdenkt. Schade um die Zeit, die man wesentlich sinnvoller einsetzen kann.

Deshalb: Keep cool, steh drüber und lächle. Lächeln ist die schönste Art, die Zähne zu zeigen. Ich meine, du weißt nun, wer du bist und was du drauf hast. Also! Sei dir zu schade dafür, dich über alles aufzuregen oder dich provozieren zu lassen.

Vergangenheit – nein danke!

Weißt du, woher die meiste schlechte Laune kommt? Weißt du, womit die meisten Menschen beschäftigt sind? Weißt du, woher die meisten Streitereien kommen, worin Kränkungen liegen, worunter die Menschen am meisten leiden und weswegen sie sich mit Schuldzuweisungen oder Selbstvorwürfen bombardieren? Womit hat all das in erster Linie zu tun? Mit der *Vergangenheit!*

Die Vergangenheit ist das, was den meisten Menschen am allermeisten zu schaffen macht. Sie wühlen und wühlen, vergessen nicht, verzeihen nicht, durchleuchten und forsten, bis auch der letzte Krümel Dreck herausgegraben wurde. Sie möchten durch ihr Erlebtes Mitleid erregen, sich wichtig machen oder eine Ausrede aufs Tablett bringen, weshalb ihr Leben so verlaufen ist, wie es ist, weil sie ja sooo eine schlechte Vergangenheit hatten.

Doch der Unterschied liegt schon im Wort selbst. *Vergangen!* Aus und vorbei! Und da lässt sich nichts, aber auch GAR NICHTS – dran ändern. Die Tür ist zu. Das ist vorbei! Ein für alle Mal!

Natürlich hat die Vergangenheit auch ihr Gutes. Denn man braucht ja schließlich verschiedene Erfahrungswerte im Leben, um herauszufinden, was man will und was nicht, um zu wissen, ob man auf dem richtigen Weg war oder ob man das nächste Mal etwas anders und vielleicht besser machen möchte. Die Vergangenheit prägt uns – keine Frage!

Die Erfahrungen der Vergangenheit brauchen wir selbstverständlich, um uns auch persönlich weiterentwickeln zu können. Dafür ist sie gut und wichtig. Deshalb schlage ich dir vor:

Ziehe aus deiner Vergangenheit an brauchbaren und verwertbaren Erlebnissen raus, was dich auf deinem Lebensweg weiterbringen kann. ALLES ANDERE wird in eine (gedankliche) Schublade gepackt und abgeschlossen. Lass es verschlossen und höre auf, dich darüber zu ärgern, aufzuregen oder davon frustrieren zu lassen.

Auch ich habe mich mit meiner Vergangenheit so arrangiert und schaue nach vorne. In diese Blickrichtung kann ich noch vieles verändern und bewegen, worauf ich mich sehr freue. Aber an der Vergangenheit kann keiner mehr etwas schrauben.

Also lass die Vergangenheit ruhen und freue dich auf die ZUKUNFT! Du hast allen Grund dazu, denn es

warten tolle Zeiten auf dich und du hast alle Möglichkeiten. Die ganze fantastische Welt liegt dir zu Füßen.

Darum nutze deine Chance und mach was daraus –
aus dir und deinem Leben!

■ ■ ■ Besuche mich auf meiner Homepage!

Auf meiner Homepage findest du weitere Informationen, Downloads und vieles mehr und kannst dich mit anderen austauschen:

www.school2becool.de